샬롬! 평안하신가요?

샬롬! 평안하신가요?

지 은 이 조미령
초판 발행 2024년 7월 11일

펴 낸 곳 에셀나무
디 자 인 에셀나무
등   록 제 2020-000064호
주   소 서울 송파구 양산로8길 4, A상가 207호
전   화 02-423-4131 / 010-6642-4131
팩   스 02-423-4138
I S B N 979-11-987580-3-3
한 권 값 15,000원

나의 부족함을
하나하나 채워주신
사랑하는 하나님께
이 책을 올려드립니다.

Contents

Part 1

인도하시는 하나님

01

"하나님의 이름을 만홀히 여기지 마라"

"나를 사랑하는 자들이 나의 사랑을 입으며
나를 간절히 찾는 자가 나를 만날 것이니라" (잠언 8장 17절)
"여호와께서 그 조화의 시작 곧 태초에 일하시기 전에
나를 가지셨으며 만세 전부터, 태초부터, 땅이 생기기 전부터
내가 세움을 받았나니" (잠언 8장 22~23절)

2023년 11월 17일 금요일

어제부터 비가 추적추적 내려 출근길이 심난하다. 은행잎이 카페 앞에 널브러져 바닥과 나뭇잎이 한 몸이 되어 찰싹 붙어 있다. 나도 모르게 마음속에서부터 한숨이 저절로 흘러나왔다. 몸이 힘든데 비까지 오니 힘든 몸이 더 피곤하다. 출근하는 발걸음이 천근만근 더 무겁게 느껴진다. 그런데 '아!' 나도 모르게 탄성이 흘러나왔다. 전도사님이 카페테라스를 쓸고 계시는 것이 아닌가. '할렐루야! 정말이지 감사합니다. 감사합니다.' 연거푸 감사를 외쳤다. 어찌나 행복하던지^^ '전도사님 감사합니다. 하나님께서 나의 작은 신음을 들어 주셨

군요.' 기쁜 마음으로 가벼워진 발걸음을 기도하기 위해 소예배실로 발길을 재촉하였다. 그런데 권사님 부부가 추수감사절 장식을 위해 호박을 들고 소예배실로 향하고 계시는 것이 아닌가.

'아… 어떡하지. 어떡해야 될까?' 잠깐 망설였다. 잠깐이라도 기도하고 싶다는 생각에 발길이 본당 예배실로 향했다. 카페를 통해 엘리베이터를 타고 2층 본당에 들어갔다. 처음으로 출근 시간에 본당에 올라와서인지 약간의 설렘과 신선함이 몰려왔다.

성전에 앉자마자 아주 크고 우렁찬 소리가 나의 가슴과 머릿속에 울려왔다.

"하나님의 이름을 만홀히 여기지 마라" 갑자기 두려움이 몰려오면서 기도에 집중하는 것이 아니라 이게 무슨 소리일까에 온 신경이 쓰였다.

"하나님 이게 무슨 소리인가요? 이게 무슨 소리인가요?" 자꾸만 같은 말을 하며 연거푸 물어보았다. '뭐지 내가 뭘 잘못하고 있는 것일까? 내가 하나님을??' 깊은 생각에 빠지게 되었다. 하루… 이틀… 아! 마음 깊은 곳에서 나도 모르게 '하나님이 정말 계실까?'라고 가끔 의심했던 생각이 뇌리를 스쳐 지나갔다. 수많은 체험을 하고 하나님의 응답을 받으면서도 생활에 묻혀 살다가 조금만 방심하면 하나님이 투명 인간이나 된 듯 내 삶에는 안 보이는 분 취급을 하고 있는 건 아니었을까? 어린아이가 엄마가 보이지 않으면 이 세상에 없는 존재로 느끼는 것과 무엇이 다른가.

"나를 사랑하는 자들이 나의 사랑을 입으며 나를 간절히 찾는 자가 나를 만날 것이라(잠 8:17) 여호와께서 그 조화의 시작 곧 태초부터 일하시기 전에 나를 가지셨으며 만세 전부터, 태초부터, 땅이 생기기 전부터 내가 세움을 받았나니"(잠 8:22~23)

"하나님! 용서해 주세요. 너무나 연약하고 이토록 미련한 사람이 없습니다. 하루하루 매순간 잡아주지 않으시면 너무나 멍청하여서… 너무나 부족하여서… 넘어지고 또 넘어집니다. 어린아이처럼 또 의심할까 두렵습니다. 무릎을 꿇고 하나님 앞에 용서를 구합니다. 부족하고 미련하여 늘 어린아이 같은 마음 상태인 나를 돌아보게 하시고 이제는 오직 유일하신 하나님! 나의 전부이신 하나님! 내 삶의 이유이신 하나님을 굳건히 붙잡고 나아가려 합니다."

02

인도하시는 하나님

"사람이 마음으로 자기의 길을 계획할지라도
그의 걸음을 인도하시는 이는 여호와시니라" (잠언 16장 9절)

2001년 2월 서울로 이사를 하게 되며 아이들이 유치원이 붙어 있는 교회로 자연스럽게 등록하게 되었다. 그러나 정이 들고 정착한 지 2년이 지나 목사님 가정이 아프리카로 이민을 떠나며 몇 명 남아 있지 않았던 교인들을 목사님이 아시는 교회에 얼마씩 받고 넘겼다는 소리가 들려 왔고, 나는 집에서 멀리까지 가기 싫어서 목사님이 알려주는 교회에는 가지 않겠다고 하였다.

함께 했던 몇 분의 집사님들이 찾아와 어떻게 할 것인지 물어보았다. 나의 생각을 말해주었는데 며칠이 지나 내가 사람들을 선동하여 목사님이 정해준 교회에 가지 않는다는 소문이 돌고 있었다. 그렇게 나에게도 다른 성도들에게도 상처만 남기고 제각기 흩어져 버렸다.

교회에서 받은 상처로 이제는 작은 교회에는 가기 싫다는 생각이 들고 하루빨리 다른 교회에 정착하고 뿌리를 내리고 싶다는 마음이 간절하여 큰 교회를 찾게 되었다. 집 앞에 있는 제일 큰 교회에 무작정 등록하려 하였다. 그런데 무엇이든 나의 마음대로 되지 않는 것을 느끼게 되었다. 그 당시 시댁 식구들 중 교회에 다니는 사람이 아무도 없었다.

전도해야 된다는 마음이 커서 먼저 시어머니와 막내 아가씨를 전도하게 되었다. 그런데 이 두 초신자가 교회를 먼저 정하고 그리로 오라는 것이었다. 이제는 작은 교회는 가고 싶지 않다는 생각이 너무 깊게 자리를 잡고 있었지만 내가 전도한 사람들을 두고 선뜻 혼자만 다른 교회로 갈 수 없었다.

그렇게 자리 잡게 된 교회가 참된 성결교회였다. 어려서부터 장로교회에서 예배드리면서 조금은 틀에 매인 듯 답답함을 느끼다가 친절한 사람들과 조금은 자유로운듯한 예배 분위기에 나도 모르게 빠져들어 가고 있었다.

그러나 예배를 드리고 사람들과는 어울리지도 못하고 교회에 다니지 않는 남편과 점심을 함께 먹기 위해 예배가 끝나기가 바쁘게 집으로 뛰어가곤 하였다.

그렇게 몇 년이 흐르며 자리를 잡아가고 있을 무렵 교회에 나오지 않던 남편도 시어머니와 함께 주일예배에 참석하게 되었다. 아이들은 초등학교 생활에 적응하고 있을 때, 나의 교회 생활과 신앙생활에도 바람이 불어오고 있었다. 성가대에 등록하고 토요일에도 모여 연습하며 가슴 깊은 곳에서 행복감이 밀려오며 찬양을 조금 더 체계적으로 배우고 싶다는 생각이 스멀스멀 올라오고 있었다.

여기저기 수소문하니 집 가까운 곳에 윤항기 목사님이 운영하는 예음 예술찬양신학교가 있었다. 차로 10분이면 갈 수가 있고 아이들이 학교 끝나고 집에 오는 시간과 내가 오는 시간이 별 차이도 없고 나의 머릿속에서의 계산으로는 충분히 병행할 수 있을 것 같은 자신감이 들었다. 그러나 막상 전문적으로 배우려니 두려움과 막막함이 몰려왔다. "어떡해야 되죠? 하나님 못 하겠어요" 자꾸만 변명이 나왔다. "하나님 돈이 없어서 등록 못 하겠어요" 마음속에서 변명거리만 찾고 있었다.

그러나 생각은 사람이 하는 것 같아도 그 생각을 주시는 분은 하나님이라는 것을 알게 하셨다. 마음속에서 작은 소리가 들려왔다. "너 통장에 돈 있잖아… 통장 긁어 봐…" '이게 무슨 소리지? 돈이 있다고 통장을 긁어 보라고?' 그길로 통장을 들고 은행에 가서 통장 잔고를 확인하였다. 그런데 이게 무슨 일인지 통장에 잔고가 남아 있다. 자동이체를 해놓은 보험료가 3달째 빠져나가지 않고 그대로 있는 것이 아닌가!

그 후로 보험회사에서 연락이 왔다. 보험료가 3달째 미납 상태라고. 참으로 이상하였다. 자동이체를 해놓은 보험료가 빠져나가지 않았다는 것도 이상했지만, 그 미납금인 3달 치의 보험료가 입학금을 낼 수 있는 금액이라는 것이다. 몇 시간의 고민과 주저함이 있었지만, 하나님께서 보여주신 사건을 믿고 따라가기로 결심하였다. 그 길로 바로 학교에 달려갔다.

"사람이 마음으로 자기의 길을 계획할지라도 그의 걸음을 인도하시는 이는 여호와이시니라" (잠언 16장 9절)

03

성령이 임하시면

"오직 성령이 너희에게 임하시면 너희가 권능을 받고
예루살렘과 온 유대와 사마리아와 땅끝까지 이르러
내 증인이 되리라 하시니라". (사도행전 1장 8절)

어린 시절 라디오에서 흘러나오는 노래를 좋아했다. 노
래… 생각만 해도 온몸이 음악에 맞춰 들썩이고 음악 소리에
빠지게 되면 자신감이 생기고 노래에 맞춰 온몸으로 표현하
곤 하였다. 음악을 좋아했던 나는 금요일 기도회 예배에 참석
하면서 자연스럽게 앞에서 싱어를 하기 시작했다. 이 시작이
찬양 인도자의 첫걸음이 되었다.

그 당시 남편은 하나님을 알지 못하고 교회도 다니지 않을
때라 나는 금요 예배를 마치고 기도회를 시작하면 남편을 생
각하며 맨 앞줄 앞자리에 자리를 잡고 눈물과 콧물을 쏟으며
통곡하며 기도를 하였다. "하나님! 남편이 교회에 함께 다닐

수 있게 해주세요" 금요 기도회만 참석하면 얼마나 울어 대는지 하나님께서는 혀를 차듯 마음에 답을 주셨다. "애야 내가 한다. 내가 해" 아기가 얼마나 칭얼대고 보채면 이렇게 말씀하셨을까? 모든 것에는 때가 있다는 것을 이때는 깨닫지 못하고 무조건 보채면 되는 줄 알았다. 그렇다. 이때는 사람들에게 보여지는 모습과 사람의 시선이 매우 크게 자리 잡고 있을 때였다. 함께 교회에 다니는 가족들, 부부의 모습이 얼마나 좋아 보이는지. 부럽다 못해 약간의 시기심까지 들었다. '우리 남편은 언제 교회에 나올 수 있으려나. 남편만 교회에 함께 다닌다면 아주 환상적인 가족의 모습일 텐데.'

남편의 영혼을 불쌍하게 생각하는 마음보다는 남들의 눈에 잘보이기를 원하는 마음이 더 크게 자리를 잡고 있었고, 하나님께 보채기만 하면 될 것 같았다.

하나님이 하시는 일은 사람이 관여할 수 없으며, 사람이 할일은 하나님께서 대신해 주지 않으신다는 것을 이때는 몰랐다.

나에게 금요기도회는 하나님을 만나는 통로이며 남들은 알지 못하는 행복을 주는 자리였다. 기도가 시작되어 기도를 하고 있는데 누군가가 나에게 "… 권능을 받고 예루살렘과 온 유대와 사마리아와 땅끝까지 이르러 …"라고 말을 하는 것이었다. 얼른 눈을 뜨며 '누구지? 누가 왜 이런 말을 하지?' 그러나 아무리 앞뒤 옆으로 바라보아도 다들 기도에 집중하고 있었고 옆에는 아무도 없었다. 이때를 표현하자면 어안이 벙벙했다. 그런데 생각하면 생각할수록 사람이 아니라 하나님의 음성이라는 생각이 들었다. 가슴이 뛰고 행복이 몰려왔다. 바로 목사님께 달려가 앞뒤 구절은 다 잘라먹고 "목사님! 목사님 기도 중에 이런 말씀이 들렸어요" "…권능을 받고 예루살렘과 온 유대와 사마리아와 땅끝까지 이르러…" 그러자 목사님은 "성령이 너희에게 임하시면"이란 말씀을 하셔서 말씀의 중요성을 처음으로 느끼게 되었다. 살짝 민망함이 몰려오기도 하였다. 기도 응답을 하실 때도 하나님께서는 아는 만큼만 주신다는 것을 알게 되었다.

교회에 적응하며 하나님이 주시는 기쁨을 알아가고 있을 때 신앙의 조력자들을 찾으며 "하나님! 함께 할 진정한 친구를 주세요"라며 기도하였다. 기도할 때 떠오르는 얼굴이 있었는데 그 친구가 전숙영 집사이다. 전숙영 집사는 얼마나 까칠한지 다가갈 수 없을 정도로 말도 없고 늘 가족들과만 지내서 도통 곁을 내주지 않고 친해질 틈을 주지 않았었다. 얼마나 힘들게 다가갔는지 가까워지기까지 20년이란 세월이 걸렸다. 지금은 신앙 안에서 가족처럼 친언니와 동생처럼 그런

사이가 되었다. 사람과의 관계도 내가 노력해서 만드는 것이 아니라 기도하며 하나님 안에서 맺어진 관계가 오래가며 진정한 사람을 얻게 하신다는 것을 알게 하셨다. 참된교회에서 10년의 신앙생활은 나의 마지막 교회이길 바랬지만, 함께했던 많은 사람들은 다 떠나가고 남은 사람은 숙영 집사와 회연 집사, 두 명만이 남았다. 이 일을 겪게 되면서 하나님의 생각과 사람의 생각은 다르다는 것을 확실히 알게 되었다.

기도 중에 들은 말씀이 하나님의 음성이라는 확신이 들면서 이러한 작은 체험이 얼마나 행복한지, 하나님의 음성이 더 듣고 싶고 체험을 더 하고 싶다는 목마름이 생겨나기 시작하였다.

하나님께서 보여주신 사건 하나만 믿고 앞뒤 볼 것도 없이 등록금의 10분의 1 정도 되는 돈으로 등록하고 말았다. 그러나 현실을 돌아보니 등록금이 내가 감당하기에는 부담스럽다는 생각이 머릿속을 스쳐 지나갔다. 어떡해야 할지 막막하기만 하였다. 저절로 기도가 흘러나왔다. "주님 어떡해야 할까요? 이제는 어떡해야 할지 모르겠어요" 그러자 머릿속에 이제는 남편에게도 이야기해야 한다는 생각과 남편의 얼굴이 떠올랐다. 남편의 얼굴을 떠올리며 어떻게 이야기할지를 고민하였다. 며칠 후 약속을 잡고 퇴근하는 남편과 치킨집에

들어가 치맥을 한잔시키고 이야기를 시작하였다. 긴장하고
전투하는 마음으로 이야기를 했던 생각이 난다. "나 공부 하
고 싶어요 허락해 주세요" 이것은 허락이 아니라 약간의 반
강제가 섞인 통보를 했던 것 같다. 그리고 어떻게 이야기를
했는지 생각이 잘 나지 않는다. 남편의 표정은 어이없다는 듯
마음대로 하라고 하였다.

그렇게 앞으로 무슨 일이 생길지 아무것도 모른 체 2006
년 9월 38살 늦깎이 학생이 되었다. 지금 생각하면 무슨 배짱
으로 입학을 한 것인지.

Part 2

특별한 만남

01

특별한 만남

"도가니는 은을, 풀무는 금을 연단하거니와
여호와는 마음을 연단하시느니라" (잠언 17장 3절)

2006년 9월 가을 학기가 시작되었고 (가을 학기가 있는
것도 몰랐다) 아무런 계획도 없이 무조건 그냥 그렇게 시작
한 학교생활은 모르는 것투성이에 앞이 캄캄한 것뿐이었다.
계이름만 간신히 알고 노래 부르기를 좋아한다는 그 마음 하
나로 무식하게 덤벼들었다.

성가대를 전문적으로 하고 싶다는 생각에 전공을 성악으
로 택하였다. 매주 한 번 성악 레슨을 필수로 받아야 하고 매
주 시창과 청음을 듣고 매주 수업 시간에 발표하고 한 달에
한 번씩 성악 발표를 하였다. 가을 학기에 입학하자마자 한
달 후 바로 중간고사가 나를 맞이 하였다. 성악은 처음 들어

보는 생판 모르는 음에 생애 처음 들어보는 이탈리아어 노래로 수업을 들으며 레슨을 받고 시험을 치러야 했다. 계이름만 간신히 아는 나로서는 앞이 막막하고 캄캄하기만 하였다. 학교가 끝나면 교회로 곧장 달려갔다. 그리고 의자에 앉아 펑펑 울며 "하나님! 너무 힘들어요. 어떡해요. 하나님! 모르겠어요" 교회 의자에 널브러지게 누워 울기만 하였다. 그때 남자의 얼굴과 여자의 얼굴, 두 명의 얼굴이 스쳐 지나갔다.

한 명은 문명숙 집사님의 얼굴이었다. 지금은 목사님이 되셔서 목회를 하고 계신다. 나와는 가을 학기에 입학을 하였고, 함께 공부를 하였다. 어떤 것을 수강해야 할지 몰라 헤매고 있을 때부터 내가 모르는 것을 차분히 알려주며 길잡이가 되어주었고, 음을 못 찾고 허우적거리고 있을 때면 레슨실에 들어가 한 구절씩 한 음절씩 불러보게 하고 따라 하게 하며 나의 멘토 역할을 톡톡히 하고 계셨다. 문명숙 집사님이 성악을 부를 때면 목소리가 너무나 아름다워 늘 넋을 잃고 감탄을 하였다. 나에게는 선망의 대상이었고 부러움의 대상이었다.

찬양 신학교라는 학교의 특수성 때문인지 유난히 나이드신 분들이 많았다. 또 한 분은 장희준 집사님이다. 드럼을 전공하고 계셨다. 나는 이분의 드럼 실력을 보고서야 드럼이 이렇게 멋진 악기라는 것을 알게 되는 계기가 되었다. 드럼을

치는 실력이 뛰어나 한 학기 남기고 지방학교에 강사로 초빙까지 받은 실력자이다. 찬양할 때는 다윗 왕처럼, 어린아이처럼 펄쩍펄쩍 뛰며 하나님을 찬양하던 집사님의 모습이 20년이 지난 지금도 눈에 선하다. 계이름만 알던 나에게 수업이 끝나면 칠판에 사과를 그리며 아주 세세하게 어린아이에게 밥숟가락으로 밥을 떠먹여 주시듯 그렇게 알려 주셨다. 하나님은 그렇게 나에게 맞는 멘토들을 붙여 주시고 나에게 맞는 맞춤 수업을 준비 해주셨다. 인도하시는 하나님을 찬양합니다. 할렐루야!

학교생활은 공부만 하는 곳이 아니라, 사람과의 관계가 얼마나 중요한지를 느끼게 하는 시간이었으며, 인생 공부를 하게 된 곳이다. 학교의 특수성 때문인지 여태껏 경험하지 못한 이상한 사람들, 특이한 사람들을 많이 만나게 하셨다. 그중 한 사람은 젊은 시절 건달 생활을 하다가 하나님을 만나 회심하고 공부를 하기 위해 입학하였는데, 건달 시절 생활하던 습관을 내려놓지 못하고 학교에서 행패를 부리며 학교 분위기를 흐려 놓았다. 한번은 학교에서 어떠한 사건에 연루되어 나에게까지 협박 전화를 하였다. 나는 강하고 담대하게 통화를 하여 정리를 하였던 기억이 난다. 그러나 무엇이든 자기 뜻대로 되지 않자 학교를 협박하였고, 학교에서는 결국 이 사람을 내보내었다고 전해 들었다.

학교생활에서 빼 먹을 수 없는 강하게 기억 속에 남아있는 한 사람이 있다.(이름은 가명으로 하겠다.) 중학생 때 온 가족이 미국으로 이민을 갔다고 한다. 정이는 미국에서 한국인 부인을 만나 결혼하고 큰 사업을 하여 성공해, 안정된 생활을 하며, 이민 사회에서 자리를 잘 잡고 살고 있었다고 한다. 그러나 이 친구의 마음속에 어릴 적 품고 있던 음악에 대한 열정을 내려놓지 못하고 어느 정도 안정된 생활이 되자 어릴 적 살았던 한국도 그립고 공부도 하고 싶은 마음에 한국의 학교를 찾게 되었고, 그곳이 윤항기 목사님이 운영하던 학교였다. 음악을 함께 배울 수 있다는 행복한 생각에 택하게 되었다고 한다. 그리고 곧장 비행기를 타고 한국으로 날라오게 되었다.

나는 입학하여 음악과 학업을 따라가느라 정신이 없었는데, 어느 날 정이가 수업에 필요한 과제를 제출해야 하는데, 필요한 것을 구할 수 없어 도움을 요청하였다. 나에게는 힘든 일이 아니었으므로 기꺼이 도움을 주었다. 친구는 너무나 고마워하며 수업 시간에 들어와 보답으로 식사 대접을 하고 싶다며 수업이 끝날 때까지 기다렸다. 참으로 난처하였다. 수업이 끝나면 집으로 빨리 돌아가야 하는데, 정이가 수업이 끝날 때까지 기다리는 것을 알았기에 매정하게 뿌리치고 갈 수가 없었다. 이것을 계기로 정이와 나는 편한 친구가 되었다.

학교에서 만나 점심을 함께 먹던 맴버들이 4~5명이 있었는데 함께 어울리며 시험을 대비해 스터디도 만들어 서로서로 모르는 것을 알려주고 도와주며 학교생활에 큰 힘을 주었다. 정이는 방학이 되면 미국 본가로 돌아갔다가 개학을 하면 돌아오곤 하였다. 그런데 정이에 대해서 이상한 소문이 돌고 있었다. 한국에서 만나는 사람이 있는데 유부녀라는 것이다. 그리고 함께 살기도 했었다는 것이다.

참으로 어처구니없는 믿을 수 없는 소문이었다. 그러나 '아니 땐 굴뚝에 연기 나랴'는 속담처럼, 정이에게 직접 이야기를 듣고 싶었던 나는 미국 본가에 갔다가 개학해 한국으로 돌아온 정이를 따로 만나 소문의 실체에 대해 조심스럽게 물었고, 알게 된 사실은 소문은 맞지만 이제는 헤어진 사이라고 하였다.

아! 참으로 한숨이 나오고 어이가 없었다. 그리고 자기의 어린 시절과 미국에서의 생활을 이야기해 주며 여자들과의 관계들을 자랑스럽게 이야기하는 것이었다. 학창시절부터 수많은 여자들과의 관계와 지금 자기의 부인이 의처증이 있어 자기를 계속 의심한다는 말까지 하는 것이었다.

정이가 자기의 모든 이야기를 나에게 털어놓으며 갑작스

럽게 친한 사이가 되어 가고 있었다. 친해지면서 개인적인 이야기들을 나눌 시간이 많아졌고, 정이는 노골적인 말까지 서슴치 않고 했다.

"나랑 자자" '이건 무슨 소리지?' 혼란스러우며 당혹스러웠지만 가슴 한쪽에서는 '혹시 나를 사랑하나?' 하는 생각에 묘한 설렘이 마음을 흔들었다. "나는 우리 남편을 사랑해" 선을 그으며 남편과의 사랑을 확신 시켜주었고 남편과의 의리도 지켜야 하는 거라고 알려주었다. 그리고 "우리가 몸가짐을 잘하고 살아야 하는 이유는 자녀들이 그것을 보고 배우고, 내가 잘못하면 내가 그 죗값을 받는 것이 아니라 자녀들이 나로 인해 그 죗값을 대신 치르게 된다"라고 말해 주었다.

그래도 틈만 나면 "나랑 자자"며 부추기는 것이었다. 한번은 물어 보았다. "왜 나를 좋아하는 건데?" 이렇게 묻자 배울게 많아 좋아한다고 하였다. 나는 정이에게 우리가 나이가 똑같으니 친구로 만나자고 제안하였고, 육체적인 것은 안 되며 지킬 것은 지켜야 한다고 약속하였다. (미국에서 자란사람들은 환경 탓인지 육체적인 관계를 아주 쉽게 생각한다는 생각이 들었다) 정이가 "나랑 자자"라는 말을 할 때마다 힘들고 버거워 빨리 떠났으면 좋겠다는 생각이 절로 들었다. 그 후로 정이는 동년배인 여자 교수님에게도 살갑게 대하고 다른 여

학생들과도 아주 편하게 다가가 스스럼없이 이야기꽃을 피우곤 하였다. 입담이 좋아 주위에 여자들이 많았으며, 남자들보다 여자들이 더 편하다고 하였다.

한번은 내가 다니던 교회 금요 기도회에 찬양 인도를 하는데 기타로 봉사 해달라고 도움을 청하였다. 찬양을 인도 하는 모습과 기도회의 모습을 보여주며 함께 은혜받고 변화받았으면 하는 마음이 간절했는데 함께 하게 되었다. 금요 기도회에서 찬양 인도 하는 모습을 보니, 정이가 나를 보던 시선이 예전과 다르게 바뀌어 가고 있었다. 달라진 시선에 대해 그 이유를 물어보았더니 "너는 하나님의 사람이잖아"라고 하는 것이었다. 참으로 놀라운 일이었다.

그렇게 4학년이 되어 갈 무렵 이상한 꿈을 꾸었다. 아주 크고 굵은 구렁이 두 마리가 육지에서 기어나와 바다를 따라 흘러 수영하듯 쭉 나가는 것이었다. 그리고 '이제 됐다'라는 생각이 들면서 '이제는 떠났다'라는 생각이 스쳐 지나갔다. 그동안 미혹의 영, 음란의 영이 정이의 마음을 지배하고 있었다는 생각을 떨칠 수가 없었다. 사단은 약한 틈을 타서 한순간이라도 방심하면 비집고 들어오려 한다. 사단이 그토록 나의 마음을 흔들고, 가정을 깨려고, 끈질기게 물고 늘어졌던 그 사건들이 오히려 나를 더욱 단단하고 강하게 만들었다.

그렇게 한 학년을 남기고 남편이 그리워서인지 못 믿어서인지 정이의 가족들이 한국으로 역이민 오게 되었다. 그러나 어린 자녀들이 한국 생활에 적응하지 못해 힘들어 해서 정이가 졸업한 후 다시 미국으로 돌아가게 되었다. 정이가 떠나가기 전 작별 인사를 하였는데, 다시는 못 만날지도 모른다는 생각에 서운함과 함께 마음이 아프고 마음 깊은 곳에서 알 수 없는 감정이 밀려왔다.

이때의 만남을 통하여 남녀의 관계는 방심하면 안 되며, 항상 모든 점에서 조심해야 한다는 것과 신중해야 한다는 것을 깨닫게 되는 계기가 되었다.

학교는 학업만 배울 수 있는 곳이 아니라, 인생 공부까지 배울 수 있었던 큰 기회의 장소요, 배움의 장소였다.

"도가니는 은을, 풀무는 금을 연단하거니와 여호와는 마음을 연단하시느니라"(잠언 17장 3절)

02

하나님이 주신 기쁨의 아들

"내가 환난 중에서 여호와께 아뢰며 나의 하나님께 부르짖었더니
그가 그의 성전에서 내 소리를 들으심이여
그의 앞에서 나의 부르짖음이 그의 귀에 들렸도다" (시편 18편 6절)

2003년 큰아이와 작은아이는 성격이 완전히 다르다. 큰아이는 대범하고 활발하다. 작은아이는 세심하고 조용하다. 작은아이가 7살 무렵 일이다. 항상 조용하고 늘 없는 아이처럼 지내던 아이였는데 하루는 다가와 양팔로 원을 그리며 회전하는 흉내를 낸다 "엄마 나 이런 거 하고 싶어" 나는 잠깐 고민하고 생각해 보았다. '이게 무엇을 말하는 걸까?' 발레였다. 둘째 아들이 해보고 싶은 것을 처음으로 말을 해주니 행복감이 밀려왔다. 고민을 해 볼 생각도 없이 동네 발레 학원에 등록하고 다음 날 바로 발레를 배우게 하였다. 머릿속에서는 먼 미래까지 그려가며 "발레는 러시아가 유명하니 열심히 배워

서 러시아로 유학을 가자"며 아이에게 이야기하곤 하였다. 그렇게 아이가 유치원을 지나 초등학교 1학년 겨울방학 때 발레 학원이 끝나고 학원차에서 내려 건널목을 건널 때, 유리를 실은 중형 트럭이 아이를 보지 못하고 후진을 하다 아이를 치고 말았다. 트럭이 아이의 가느다란 허벅지를 타고 넘어가며 허벅지의 뼈는 산산조각이 나고 말았다. 그때를 떠올리면 지금도 숨이 막히고 먹먹해 온다.

작은아이가 7살 무렵 남편은 사업을 하느라 구미로 내려가 주말부부를 하고 있었다.

아이들과 저녁 잠자리에 들 시간이면 아이들에게 이야기 성경을 읽어주고 서로서로 기도해 주며 저녁 9시에 아이들을 모두 재우고 교회로 달려갔다. 저녁 10시만 되면 4명이 모여서 매일매일 기도를 하였다. 그렇게 기도를 함께하던 분들은 크고 넓은 마음으로 품으셨던 유명옥 집사님, 따뜻하고 자상하셨던 이동철 집사님, 지금은 둘도 없는 언어의 은사를 가진 제갈량 같은 친구 김회연 집사였다. 처음으로 신앙 안에서 친구이자 동역자가 생겨 온 세상을 얻은 듯한 행복한 마음에 많이 의지하며 마음을 나누었다.

아이는 여섯 달을 병원에 입원하게 되었다. 아이와 나는 지쳐만 갔다. 병원 생활은 답답하고 지루한 나와의 긴 싸움이었

다. '병문안을 몇 번은 와 주겠지' 하고 기대했던 기도의 친구
요 동역자들은 병문안을 한번 오고는 다시 오지 않았다. 그렇
게 사람을 의지하던 나는 의지할 것은 사람이 아니요, 오직
주님뿐인 것을 그때 깊게 알게 되었다. 그리고 마음속에 서운
함을 풀지 못하고 쌓아 놓았다. (5년이 지나서야 마음을 풀게
되었다) 하지만 친구 회연 집사는 매주 찾아와 아이의 공부
를 봐주며 병원 생활로 지쳐있던 나에게 꿈결 같은 휴식을 안
겨 주었다. 얼마나 감사하고 고마운지 모른다. 고맙고 사랑한
다. 친구야!

교통사고는 아이의 진로도 바꾸게 되었고 나의 생각도 바
뀌게 되는 큰 전환점이 되었다. 강원도 홍천에서 절에 다니시
던 시어머니는 형님과의 성격 차이로 같이 살지 못하고 우리
와 함께 살게 되었는데 저녁마다 기도하며 자는 내 모습을 시
어머니가 보시게 되었다. 그리고 둘째 아이의 교통사고를 보
신 시어머니는 20년이 지난 지금도 그때를 회상하며 말씀하
신다. "상은이는 하나님이 살려 주신 거다. 하나님의 자녀야
잘 키워라." 나의 기도하는 모습과 둘째 아이의 교통사고는
하나님을 알지 못하시던 시어머니가 하나님을 찾고 하나님
을 믿을 수 있는 계기가 되었다. 지금은 권사님으로 매시간
성경을 읽고 계신다. 하나님을 만난 시어머니의 모습은 천사

와도 같이 사랑스러운 모습으로 변해 가셨다.

　퇴원 후 시간이 흘러 초등학교 4학년이 된 둘째 아이는 바이올린이 배우고 싶다고 하여 학원에 등록해서 즐겁게 배우고 있었다. 그렇게 시간이 흐르는 동안 많은 사건과 사고가 있었다.

　2016년 8월 얌전하고 조용하던 둘째 아들 상은이가 사춘기에 접어들면서 바이올린을 켤 때마다 짜증을 내며 하기 싫다고 바이올린을 발로 밟아 망가트리기까지 하였다. 얌전하던 아이가 갑자기 변해 방황하는 것을 볼 때마다 나의 마음은 답답하고 어떻게 해야 할지를 몰랐다. 오로지 하나님만 의지하며 그럴 때마다 교회를 찾았다. 하나님을 찾으며 울면서 기도하였고 기도 외에는 내가 할 수 있는 게 없었다. 그렇게 사춘기 시절을 힘들게 보내며 시간은 흘러 상은이의 나이가 19살에서 20살이 돼갈 무렵 기도 중 환상을 보여 주셨다.

　상은이의 뒷모습에서 천사의 큰 날개가 뻗어 나오는 것이었다. 그리고 깊은 마음속에서 '이제는 되었다'라는 마음과 확신을 주셨다. 그 후로 아이의 방황은 끝나고 아이는 부드러워졌으며, 사고 치던 것들이 끝이 났다. 할렐루야! 주님을 찬양합니다.

　나의 멘토이자 신앙의 어머니인 노미숙 목사님은 지금은

노성은으로 개명하셨지만, 나에게는 노미숙 목사님이 편하다. 우리 아이와 가정을 위해 늘 중보 해주시는데 상은이를 위해 특별 기도해 주시던 어느 날 전화가 왔다. "상은이는 하나님이 나에게 주시는 기쁨이요 기쁨의 존재"라며 성령님의 감동이 있었다고 전해 주셨다.

하나님이 나에게 주신 기쁨의 아들인 상은이는 지금은 교회에서 바이올린으로 봉사하며 가끔 지인들의 결혼식에서 연주도 하고 교회 오케스트라 팀과 연주회도 하고 있다.

엄마가 요청하면 사역하는 곳마다 따라다니며 찬양 인도에 맞추어 함께 바이올린으로 연주를 도와주며 하나님께 영광을 드리고 있다.

상은이가 바이올린으로 드려지는 찬양의 소리는 사람의 마음을 울리며 교회 권사님과 집사님들 팬까지 생겨났다. 주일예배 드리기 전 다른 사람들이 오지 않은 시간에 바이올린 연습을 하기 위해 2시간 전에 미리 가서 연습을 한다. 현재 28살인데, 지금은 사고 났을 때의 다리는 생각나지 않는다. 그러나 다리에 철심 박혔던 흉터는 그대로 남아 그때의 사건을 떠올리며 잊지 못할 사건으로 남아있다. 지금은 일하러 가기 전 새벽 4시에 일어나 집에서 하루에 2시간씩 꼭 운동을 한다. 그렇게 한 후에야 일터로 향한다. 지금은 건강하고 튼튼

한 다리를 자랑한다. 바이올린을 연주하는데도 튼튼한 팔과 다리 덕분에 힘 있는 바이올린 소리로 하나님을 찬양하며 높여 드리고 있다. 하나님께서는 사건을 통하여 그릇을 만드시고 다듬어 가시며 새롭게 사용하여 가고 계시며 지금도 일하고 계신다. 할렐루야! 하나님을 찬양합니다.

너에게 파워풀한 찬양을 줄 것이며
사랑의 리더가 되게 하겠다

"그 후에 내가 내 영을 만민에게 부어 주리니
너희 자녀들이 장래 일을 말할 것이며 너희 늙은이는 꿈을 꾸며
너희 젊은이는 이상을 볼 것이며" (요엘 2장 28절)

2007년 학교생활이 얼마나 힘들었는지 생리가 멈추었고, 발성이 잘못되어 목소리마저 나오질 않았고 쉰 소리만 나오는 것이었다. 성대결절이었다. 통화를 하면 상대방은 무슨 소리를 하는지 알아듣지 못할 정도였다. 그러나 성대결절이 왔다고 나 혼자 학교행사를 빠질수는 없는 상태였다.

학교행사는 성악으로 오페라를 하며 여러 명이 몇 주 동안 연습을 함께 하였기에 나 때문에 망칠 순 없었다. 나는 간절한 마음만 들었고 계속 하나님만 찾고 있었다. 하나님을 찾으며 속으로 연습하였다. 그렇게 강당 뒤쪽에 서서 나의 순서가 오기 전 복도에 줄을 서서 기다리며 간절한 마음으로 하나님

을 찾았고, 그렇게 오페라가 시작되었다. 나의 파트가 시작되었는데 그토록 나오지 않았던 소리가 터져 나왔다. '하나님 감사합니다. 하나님 감사합니다.' 그렇게 행복의 눈물이 흘러 나왔다.

전임 교수인 김혜란 교수님과의 만남은 참으로 힘든 기억으로 남아있다. 성악이 어려웠던 만큼 연습을 많이 해야 하는데 늦깎이 학생이 학교생활과 가정생활을 함께 하기에는 벅차고 힘들기만 하였고, 시간은 왜 그리 빨리 가는지 레슨시간이 돌아오면 가슴이 두근거리고 답답하였다.

레슨실에 들어가 레슨을 받을 때면 혼나기를 반복하였다. 그렇게 2학기를 보내며 한번은 레슨실에 들어갔는데 5분 만에 쫓겨 나왔다.

그렇게 시험시간 강단에 서기만 하면 머리가 하얘지고 가사가 생각나지 않아 입술이 바짝바짝 마르고 다리와 손이 바들바들 떨렸다. 성악을 하기가 싫어졌고 기도를 하며 2학년에 올라가 찬양 인도로 전과를 하게 되었다. 그렇게 찬양 인도로 전과를 하며 내가 좋아하는 찬양을 듣고 사람들도 좋기만 하고 수업 시간이 행복하였지만 그렇다고 찬양을 잘하는 것은 아니었다. 나의 옆에 함께 공부하는 사람들은 피아노나 기타 그리고 아름다운 목소리로 찬양하는 사람들이 많았다.

반대로 나는 너무나 평범하고 찬양도 공부도 간신히 따라갈 정도였다. 나의 목소리는 늘 답답함이 가득했고 탁 트이지 못한 소리에 나 자신에게 불만이 가득하였다.

2009년 2월 16일 산곡기도원에서 찬양 인도자 선배들이 기도원 사역을 한다는 소리에 부러움 반 설렘 반으로 산곡기도원으로 달려갔다. 그리고 맨 앞줄에 무릎 꿇고 앉아서 찬양과 기도를 하였다.

기도가 시작되자 나 자신에게 쌓인 불만이 하나님께 호소와 간절함이 되어 눈물과 통곡으로 나오게 되었다. "주님! 찬양을 잘하고 싶어요. 성령 하나님, 아름다운 소리를 주세요" 얼마나 기도를 하였을까 마음에 들려오는 소리가 있었다. "너에게 파워풀한 찬양을 줄 것이며 사랑의 리더가 되게 하겠다" 할렐루야! 그때의 소리를 잊을 수가 없다. 너무나 황홀한 소리였다.

그렇게 방학이 끝나고 찬양 인도자로서 첫 개강 찬양 인도를 하게 되었다. 떨리는 마음으로 기도를 하며 강단에 서서 찬양 인도를 하는데 학생들이 한명 두명 모든 학생들이 일어서서 손을 높이 들고 찬양을 하는 것이 아닌가? 할렐루야! 그렇게 찬양 인도를 끝내고 예배를 다 드린 후 대학원의 노미숙 강도사님이 내 앞에 다가와 말씀하신다. "집사님 내가 전도사로 갈 수 있는 교회 알아봐 줄까요?"(노미숙 강도사님은 현재 춘천에서 교회와 치유 센타를 운영하신다. 나에게는 영적 멘토시다)

그리고 다른 학생이 찾아와 "소리가 달라졌어요! 어떻게 된 거예요?" 가슴이 벅차 왔다. 하나님께서 들려주신 음성이 생각났다. 행복한 생각이 몰려오며 자신감이 생겨났다. 성악을 할 때 선배 전도사님의 말하던 생각이 떠나질 않는다. "너는 학교에 왜 왔냐?" 약간의 비아냥 같은 소리가 귓전에 맴돈다. 성악만 하면 가사가 생각나지 않고 시험 치르려고 강단에만 서면 머리가 하얘지고 손과 발이 바들바들 떨리던 모습과 학생들의 비웃음거리가 되던 나를 우리 하나님은 변화시키고 높여서 파워풀한 찬양 인도자, 사랑의 리더자로 바꿔서 사용하고 계신다. 세상에 우연이란 없다. 내게는 힘들고 어렵기만 한 성악이였지만 힘들고 어려웠던 그 시간을 통해 파워풀한 찬양을 하게 하셨다. 할렐루야! 하나님을 찬양합니다!

학교에서의 생활이 차츰 익숙해지며 자신감이 붙어 가고 있었다. '사람이 서 있을 때 조심하라'는 말이 있듯이 내가 하나님의 은혜속에 있다는 교만한 마음을 알게 하는 일이 생겼다. 일주일 첫날 예배로 시작을 하기 위해 예배팀들이 순서에 맞춰 연습을 하고 있었다. 그런데 연습하는 학생들이 찬양을 준비하며 장난을 치고 함부로 하는 것이 아닌가.

나는 예배를 준비하는 모습이 경건하지 못하고 너무나 함부로 하는 모습에 속에서부터 화가 났다. 그리고 속으로 '저런 것들도 찬양한다고 저 자리에 서 있나?'라며 욕을 하였다. 그때였다. 내 마음을 울리는 소리가 있었다. "내가 세운 아이들을 네가 왜 뭐라 하느냐? 저 아이들도 내가 세운 아이들이다." 그 마음을 울리는 소리를 듣고 내가 얼마나 교만한 마음이었는지 깨닫고 하나님께 용서를 구하였다. 그리고 잊지 않기 위해 늘 스스로를 돌아보며 사람을 이해하려는 마음이 생겼다.

2학년 2학기가 끝나갈 때쯤 처음엔 2년만 배우러 왔기에 고민이 많았다.

이제야 공부에 대한 맛을 조금 느끼고 있었는데 이대로 졸업을 하는 것이 너무나 아쉬웠다. 그래서 2년을 더 하기로 결심하고 2년을 더 공부하며 공부하는 방법과 성취감을 알게 되었다. 정말이지 뿌듯했다. 열심히 노력한 결과 2번의 장학금을 받고 졸업하게 하셨다. 4년간의 긴 학교생활이 어느덧 다 끝나갈 무렵 대학원이라는 진로를 놓고 고민하고 있었다. 먼저 하나님께 기도하며 하나님께 답을 구하였다.

"하나님! 보여 주세요. 제가 대학원에 가야 한다면 등록금을 50퍼센트만 낼 수 있게 해주세요" 마음속에서는 핑계를 대고 있었다 '그럴 일은 없을 거야. 어떻게 50퍼센트나 할인 해줘?'

그러나 지금까지 없었던 일이 일어났다. 대학원에 진학하는 사람들에게 50퍼센트 할인이라는 파격적인 제안을 해주었다. 그러나 마음은 부담감에 대학원에 진학하고 싶은 마음과 한편으로는 어떻게 해야 할지 모르겠는 마음으로 갈등하고 있었다. 그래서 남편에게 살짝 의중을 물어보니 그만하기를 원하였다. 나는 남편의 의견을 따르기로 결정하였고, 그대로 나의 학교생활은 끝나는 줄 알았다.

Part 3

여기가 좋사오니

01

세밀하게 일하시는 하나님

"범사에 기한이 있고 천하 만사가 다 때가 있나니"

(전도서 3장 1절)

2009년 2월 22일 부흥회가 시작되었다.

성령 하나님께서는 부흥 강사님을 통하여 우리의 영적 목마름을 채워주셨고 하나님의 세밀한 음성을 듣는 세밀한 체험을 하게 해주셨다.

부흥회가 시작되던 날 저녁 잠깐 잠이 들었는데 거실에서 공이 통통 튀는 소리가 들렸다. 이상했다. 집에 아무도 없고 아이들도 학원에 가고 남편도 집에 없고 나 혼자 있는데 공이 통통 튀며 굴러다닌다는 게 이상하였다. 다시금 신경을 바짝 세우고 귀를 기울여 보았다. 다시 공이 통통 튀는 것이었다. 연거푸 두 번이나 공이 통통 튀는 소리에 졸렸던 눈이 번쩍 떠졌다. 한번은 아이들을 재우고 교회에 기도하러 가야 하는데 얼마나 피곤한지 눈이 떠지지 않아 깊은 잠 속으로 빠져들고 있었다.

둘째 아들 상은이가 엄마를 부른다. "엄마! 교회 가야지. 엄마! 일어나 교회 가" 간신히 눈을 뜨고 옆에 있는 아들을 쳐다보는데 두 아들은 모두 잠에 푹 빠져 자고 있는 것이 아닌가? 정신을 차리고 시간을 보니 예배 시간이 다 되어 가고 있었다. 그래서 부흥회 시간에 늦지 않고 예배에 참석할 수 있었다.

2009년 2월 28일 금요 예배가 끝난 후 기도회가 시작되고 손 절임 증세가 나타났다. 손에 성령님의 은혜가 임하심이 느껴졌다. 치유의 은사를 주심에 감사합니다. 이때부터 아픈 곳에 손을 대면 손에 느낌이 오고 아픈 곳이 알아지고 느껴졌으며 기도하면 치유가 일어났다.

2009년 3월 11일 수요예배 후 기도회 시간에 목사님께서 안수기도를 해주셨다. 그때 성대결절이 치유되었다는 마음의 확신이 들며 "목이 단단하여질 거다"라는 음성이 들렸다.

성령의 역사는 그때그때의 상황에 맞게 역사하시고 소리로 냄새로 또는 사물로, 그렇게 친근함으로 역사하신다는 것을 알게 하셨다. 성령 체험 후 나의 마음은 행복함과 뭐라고 헤아리지 못할 뿌듯함으로 벅차올랐다.

그토록 자존감이 바닥을 치며 살던 나에게 부흥 강사 목사님은 헌금 봉투에 적어 낸 감사 내용에 기도로 응답해 주셨다. 그리고 그때 부흥회에서 첫 번째 마음에 주신 것은 "너는 기름부은 종이며 품고 가라"는 마음을 주셨다. 두 번째는 헌금을 해야 하는데 가지고 있는 돈은 없지만 은혜에 감사하고 싶어 빈 봉투를 드리고 다음에 갚아야겠다는 생각과 목사님을 시험하고 싶은 마음이 머리에 스쳐 지나갔다.

연속적으로 3번의 빈 봉투를 드리던 3일째에 강사 목사님은 "돈이 없으면 하지 말라"고 하시며 "하나님께 빚지는 것은 아니다"라고 나무라셨다.

조금은 무안도 하였지만 꼭 갚겠다고 다짐하였다. 나의 영적 욕심과 강사 목사님을 시험하였던 마음이 죄송하였다. 세 번째는 태어나 처음으로 나의 자질을 알게 하시고 나에게 힘을 주시는 말씀을 주셨다. "너는 부드럽고 여성스러우며 재치가 있고 분위기를 살아나게 하며, 결단력이 있다. 오리가 아니라 백조이다. 영적인 것을 펼쳐라. 결단력이 있으며 남성의 기질이 있다." 부흥회를 통하여 나 자신을 알아가며 나를 돌아보는 계기가 되었다.

어느 날부터인가 잠을 자려고 눈을 감으면 얼굴 위로 형광

등 불빛이 지나갔다. 내가 '불을 끄지 않았나?' 하는 생각에 눈을 떠보면 캄캄한 상태였다. 다시 눈을 감고 잠을 청하였는데, 이번에도 같은 현상이 나타나며 잠을 잘 수가 없었다. '뭐지? 뭘까?' 이러한 현상은 며칠 동안 반복해서 일어났다. 그리고 사건은 벌어졌다. 교회가 이전 문제로 재정적으로 힘이 드니 헌금을 하라는 마음이 들었다. 그러나 마음 한쪽에서는 왠지 해야 할 것만 같았지만, 핑계를 대며 이런저런 생각들이 머릿속에서 떠나질 않고 있었다. 그렇게 1주일을 지나고, 부담감은 계속 커져만 갔다. 나에게는 남편이 맡겨 놓았던 통장이 있었는데 그 통장과 함께 남편의 얼굴도 떠올랐다.

남편은 맡겨 놓은 통장을 수시로 검사하고 물어보아서 함부로 돈을 쓸 수가 없었다. 그래서 하나님께는 변명만 늘어놓았다. "하나님! 나는 할 수가 없어요. 내 돈이 아니라 남편의 돈인데 어떻게 헌금을 해요?" 그렇게 나는 남편을 핑계 아닌 핑계를 삼아 어떻게든 피하려고 하였다. 그러나 한번 정하신 일에 변함이 없는 하나님은 "너의 남편이 나보다 크냐? 내가 너의 남편을 쳐볼까?" 정신이 번쩍 들었다. 다른 생각을 할 겨를도 없이 목사님께 바로 전화를 드리고 바로 입금하였다. 그런데 이제는 반대로 남편이 알까 봐 가슴이 두근대기 시작하였다.

그렇게 한 달이 지난 후 남편은 통장을 가져오라 하였고, 나는 일주일 동안 앞이 캄캄하고 막막한 시간을 보내며, "하나님! 어떡해요. 하나님 어떡해요?"하며 하나님만 찾고 있었다. 남편의 재촉에 통장을 가져다주었다. 당시 시댁 식구들의 가족 회비를 관리하고 있었는데 다른 동생에게 전부 위임하면서 통장에서 돈이 여러 번 빠져나갔다. 남편은 통장을 체크했지만 하나님은 눈치를 채지 못하게 남편의 눈을 가려 주셨다.

어려운 일이 생기거나, 기도해야 할 일이 생길 때면, 지금도 똑같은 현상으로 형광등 불빛이 나의 잠을 깨운다. 그러면 나는 불빛이 나의 얼굴을 스치자마자 무릎 꿇고 바로 기도하게 된다.

한번은 수업 중에 큰아들 담임 선생님께 전화가 왔다. 학교로 와 달라는 것이었다. 다음날 큰아들 담임 선생님과 약속을 잡고 학교로 향하였다. 떨리는 마음과 긴장한 마음으로 교무실에 들어가 인사를 한 후 담임 선생님을 뵈니 상현이가 아이들을 선동하여 너무 떠들고 교실 분위기가 정신이 없다고 흥분하고 계셨다. 엄마로서 너무나 죄송하여 다음부터 조심하도록 신경 쓰겠다며 머리를 숙여 거듭거듭 사죄를 드렸다. 그리고 책상 위에 있던 큰아들의 성적표를 보게 되었는데 우리에게 보여 주었던 성적과는 조금 다르게 기재 되어 있었다. 큰아들은 상위권으로 성적을 조작하여 우리에게 말했던 것이다.

나중에 알게 되었지만, 어린 마음에 아빠가 너무 무서워 그랬다고 하였다. 참으로 간도 크고 대책이 서질 않는 아이였다. 나도 이 사실을 알았지만 몇 달간 숨기고 있다가 3달쯤 지난 후 남편에게 말을 하였는데 남편은 큰아들에게 각별한 사랑을 주었던 때라 너무나도 충격이 컸는지 집을 나가 버렸다.

이틀이 지나서야 돌아왔다. 그날 밤, 잠을 자다가 눈을 떴는데 잠에서 깬 것도 아니고 꿈을 꾸는 것도 아닌 상태였다. 소복을 입고 머리를 풀어 헤친 빨간 눈을 가진 귀신이 거실 소파에 앉아 나를 쳐다보고 있었다.

나는 귀신을 보지 않으려고 옆으로 돌아누웠다. 그런데 옆으로 돌아눕자 그 귀신이 빨간 눈으로 나를 쳐다보았다. 나는 "예수 이름으로 귀신은 물러갈지어다" 하며 몇 번이고 부르짖었다. 그러자 귀신은 사라지고 없었다. 지금 생각해도 소름이 쫙 끼친다. 한참이 지나서야 그 상태가 가수면 상태라는 것이라는 것을 알게 되었다.

며칠 후에 남편과 차분하게 마주 앉아 이야기 하게 되었다. 나는 남편에게 "아무리 화가 나도 화를 품고 다니는 것은 귀신을 불러들이는 것과 같다"고 하며 "거실에 소복을 입고 머리를 풀어 헤친 체 빨간 눈으로 나를 째려보던 귀신과 눈이 마주쳤다"고 말해주었다.

그리고 다음부터는 화를 내더라도 그날그날 풀기로 하였다. 그리고 통 크고 대책이 안 서는 큰아들에 대해서는 이 사건을 통하여 아들에 대한 기대감을 내려놓게 되었다. 큰아들은 통 크고 대범하여 조금은 버겁게 자랐지만, 자유분방한 성격에 맞게 고3 때부터 진로를 미용으로 정하여 지금은 헤어디자이너로 자리를 잡아가고 있다. 2년도 안 되어 책임감과 싹싹함, 친절한 마음 씀씀이에 매장을 책임지는 책임자가 되었고, 나의 머리를 책임져 주고 있다. 그렇게 변화는 시작되었고 하나님께서는 일하고 계셨다.

"범사에 기한이 있고 천하 만사가 다 때가 있나니 날 때가 있고 죽을 때가 있으며 심을 때가 있고 심은 것을 뽑을 때가 있으며 죽일 때가 있고 치료할 때가 있으며 헐 때가 있고 세울 때가 있으며 울 때가 있고 웃을 때가 있으며 슬퍼할 때가 있고 춤출 때가 있으며 돌을 던져 버릴 때가 있고 돌을 거둘 때가 있으며 안을 때가 있고 안는 일을 멀리 할 때가 있으며 찾을 때가 있고 잃을 때가 있고 지킬 때가 있고 버릴 때가 있으며 찢을 때가 있

고 꿰맬 때가 있으며 잠잠할 때가 있고 말할 때가 있으며 사랑

할 때가 있고 미워할 때가 있으며 전쟁할 때가 있고 평화할 때

가 있느니라" (전도서 3장 1~8절)

02

복 있는 사람은 악인들의 꾀를 따르지 아니하며

"복 있는 사람은 악인들의 꾀를 따르지 아니하며
죄인들의 길에 서지 아니하며 오만한 자들의 자리에 앉지 아니하고
오직 여호와의 율법을 즐거워하여
그의 율법을 주야로 묵상하는도다" (시편 1장 1~2절)

2010년 교회와 학교생활에서 나는 늘 부족하고 자존감이 낮은 소심 덩어리 자체였다. 교회와 학교에 열심인 나를 남편은 자신과 아이들에게만 신경 써주기를 바랐고, 그러지 못한 나에게 불만이 쌓여 갔으며 불만을 사춘기로 접어 들어가는 아들에게로 표출하게 되었다. 그런 남편 앞에서 나는 늘 주눅 들어 있었고, 하나님을 모르던 남편에게는 하나님처럼 섬겨 줘야 함께 교회에 다닐 수 있을 것 같은 생각에 하나에서 열까지 늘 떠받들고 살고 있었다. 얼마나 하나님처럼 떠받들고 살았는지 어느새 하나님과 남편의 자리가 바뀌어 가고 있었다.

남편은 사업을 하기 시작하면서 아주 바쁜 날들을 보내고 있었다. 사업이 자리를 잡아가면서 잦은 술자리와 손님 접대를 당연한 것처럼 대놓고 하고 있었으며, 나의 눈에는 그런 자리를 즐기는 것처럼 보이기까지 하였다. 교회 밖에서 사람들은 이러한 술자리 접대문화가 일반적으로 퍼져나가 자리를 잡고 있는듯해 보였다. 그러나 내가 직접 본 것이 아니기에 대놓고 뭐라고 할 수는 없었다. 늘 마음한편에는 찜찜함이랄까 말로는 설명할 수 없는 그런 기분을 안고 살아가고 있었다. 그러나 하나님을 모르는 남편은 사업을 핑계로 그것이 합당한 것처럼 대놓고 죄를 짓고 있었지만, 남편은 그런 것들이 죄라는 것을 깨닫지 못했다.

한번은 남편이 출근하기 위해 아침에 불을 켰는데 속옷을 뒤집어 입고 있는 것이 아닌가? 나는 잠시 '왜 속옷을 뒤집어 입었지?' 하며 무심코 지나가게 되었다. 그런데 한 달쯤 지나 또다시 속옷을 뒤집어 입고 있는 것이 아닌가. 나는 굉장히 기분이 좋지 않고 마음이 상해서 남편에게 "또 속옷을 뒤집어 입고 왔네"라며 짜증을 부렸다. 남편은 당황해하며 변명으로 얼버무렸다.

그 뒤로 남편이 더럽다는 생각을 떨칠 수가 없었고 너무나 기가 막혀 말문이 막혀왔다. 답답하고 속상한 마음을 어찌할 수가 없어 교회로 달려갔다. "아버지! 주님! 너무 화가 나요. 머리로는 이해가 되어도 마음에서는 받아들여지지가 않아요"라며 1시간이 넘도록 울며불며 기도하였다. 그때 마음에 성령 하나님은 남편에게 말을 하라는 생각을 주셨다. 나는 화가 나면 화가 식을 때까지 말을 하지 않았었다. 3일쯤 지나 남편의 목소리를 듣고 싶지 않아 긴 문장의 문자를 보냈다. 그러자 남편은 변명의 말만 늘어놓으며 잘못했다는 말은 하지도 않았다.

하지만 자기의 죄를 알기에 스스로 말할 용기는 내지 못하고 제부와 상의를 했는지 제부가 전화해서 하는 말이 "남편이 찾아왔는데 아무 일 없었다"며 대신 변명을 하는 것이었다. 나는 "다른 사람은 몰라도 본인은 알고 하나님도 알고 계시니 조용히 하라"고 하였다. 마음의 무거움과 답답함을 내려놓지 못한 채 그렇게 15년이 지난 지금까지도 남편은 그 사건에 대해서 어떠한 잘못도 인정하지 않았다.

그리고 또 한 번의 죄가 드러나는 사건이 생겼다.

남편은 축구 모임이 끝나면 저녁 식사와 함께 당구 내기 그리고 노래방을 다녔다. 하루는 저녁 늦은 시간 남편에게 전화를 건다는 것이 그만 화상으로 통화를 하게 되었다. 남편은 아무런 생각 없이 전화를 받았고 나와 눈이 마주치자 급하게 전화를 끊는 것이었다. 그때 나의 눈에 펼쳐졌던 모습은 짧은 반바지를 입은 여자의 허벅지에 남편이 머리를 대고 누워 있는 모습이었다. 순간 아! 탄식이 나왔고 남편의 실체를 보게 되어 너무나 실망스럽고 마음이 아파왔다. 그렇게 한 달간 마음의 문을 닫고 입을 열지 않게 되었다. 축구를 함께 하던 사람들에게조차 쌀쌀맞게 굴며 다시는 말을 섞고 싶지 않았다. 요즘 세상은 노래방에서 조차 도우미를 불러 놓고 노는 것이 당연한 것으로 여기는지 도대체 알 수가 없었고 그것이 죄인지 모르는 남편이 기가 막혔다. 죄가 쌓여서 흘러넘치고 있었다.

그렇게 남편과의 신뢰가 조금씩 무너져 내려가고 있었다. 하나님께서는 이러한 사건을 통해 나를 돌아보게 하셨다. 내가 남편에게 주눅 들어 하나님과 남편의 자리가 뒤바뀐 모습이 얼마나 잘 못 되었으며, 말하지 않고 입을 닫는 습관이 얼마나 잘못되었는지를 알게 하셨고, 정상적이지 않았던 생활을 정상적인 것처럼 알고 살았던 것들을 이 일을 통해 드러나게 하셨다. 큰 알을 깨고 나올 수 있도록 일하고 보게 하셨다.

하나님의 음성을 통하여 그리고 상담을 공부하며 깨달은 것은 힘들다고 입을 닫고 있는 것이 아니라 말로 매듭을 풀어야 한다는 것이었다. 말하기 전에 어떤 말을 할지를 생각하고 써 보며 정리하기 시작하였다.

이제는 오랜 습관이 되어 머릿속으로 정리를 하며 이야기하게 되었다. 하루는 남편과 마주 앉아 하나하나 무엇이 못되었는지 나의 마음이 어떠했는지를 이야기하며 부부관계를 새롭게 다듬고 만들어 갔다.

2020년 남편과 머리를 맞대고 있으면 남편과 나의 이마를 밝은 빛이 통과하는 것을 보게 하셨다. 처음에는 스파크하며 불꽃이 튀는 것처럼, 돌을 부딪치면 나타나는 현상처럼 머리와 머리를 맞대기만 하면 불꽃이 이마를 통해 스쳐 지나갔다. 10년, 20년 그렇게 세월이 흘러서 부부관계가 잘 다듬어지고 아이들과의 관계도 가정도 그렇게 단단하게 서가고 있다. 지금도 일하고 계시고 앞으로도 하실 일을 기대하게 된다.

"복 있는 사람은 악인들의 꾀를 따르지 아니하며 죄인들의 길에 서지 아니하며 오만한 자들의 자리에 앉지 아니하고 오직 여호와의 율법을 즐거워하여 그의 율법을 주야로 묵상하는도다."
(시편 1장 1~2절)

03

여기가 좋사오니

"베드로가 예수께 여쭈어 이르되

주여 우리가 여기 있는 것이 좋사오니 만일 주께서 원하시면

내가 여기서 초막 셋을 짓되 하나는 주님을 위하여,

하나는 모세를 위하여, 하나는 엘리야를 위하여 하리이다"

(마태복음 17장 4절)

2010년 4월 11일 집에서 QT를 시작으로 하루를 열기 시작
하였다. QT의 중요성을 듣기는 하였지만 늘 바쁘다는 핑계
로 미루고 있었다.

QT를 통하여 하나님의 말씀에 집중하였다. 매일매일 주
시는 말씀에 귀 기울이며 기도를 시작하였다. 기도 중 빛을
부어 주셨다. 한줄기 환한 빛이 하늘에서부터 나의 앞을 비추
었다.

눈을 감은 상태에서 너무나 환한 빛으로 인해 누가 불을
켠 것은 아닌가 생각이 들어 눈을 뜨고 주위를 둘러보았다. 불
빛은 어느 곳에서도 찾을 수가 없었으며 방안은 캄캄한 상태

였다. 다시 한번 눈을 감고 기도에 집중하였다. 그 순간 다시 한번 환한 빛이 앞을 비추었다.

QT와 기도는 15년이 지난 지금까지 말씀과 함께하고 있으며, 기도는 늘 성령 하나님과 숨을 쉬듯 매 순간을 이야기하며 살아가고 있다. 매일 매일 QT를 통하여 주시는 말씀은 나를 돌아보게 하며, 나의 삶을 단련한다.

2010년 4월 13일 방언으로 기도 중에 방언이 해석되며 아들들이 "별같이 빛나리라"라고 하시었다. 그러나 힘들 거라는 마음을 주셨다. 이름을 부르며 지금도 빠짐없이 가족들을 위해 기도한다. 큰오빠 가족, 작은오빠 가족, 큰언니 가족, 계순 동생 가족, 을순 동생 가족, 시댁 식구들, 친구들 등등 친구들 이름을 불러가며 기도하면 30분이 훌쩍 지나간다.

계속된 기도 속에 "교회를 떠나 작은오빠 목사님 교회에 가라"고 하셨다. 그러나 나는 "하나님 나는 여기가 좋아요. 여기서 더 있으면 안 되나요?"라며 떠나기 싫어 한쪽 발은 교회에 한쪽 발은 문 앞에 걸치고 떠나기 싫었다. 교회에서 사람들과 함께하며 평안한 생활에 푹 빠져 '나는 여기가 좋사오니'라며 주저앉아 있고 싶었다.

그때 하나님께서 3가지 말씀을 들려주셨다. "1. 내가 가라 하면 가고 서라 하면 서라" "2. 지경을 넓히리라" "3. 여기까지가 너의 할 일이다. 목사님 옆에는 집사님들이 있다." 정확하게 들려주시며 마음의 정리를 하게 하셨다. 목사님께 말씀드렸지만, 목사님께서는 보내지 않으려고 하셨다. 그러나 하나님의 말씀을 거역할 수는 없었다.

내가 공부를 시작하며 과제를 작성하여야 하는데 컴퓨터를 다루지 못해 힘들어 할 때 목사님은 학교생활에 큰 도움과 힘을 주셨다. 많은 일들을 함께 해왔던 때라 목사님은 나를 보내지 않으려고 피해 다니셨다. 나를 피해 다니는 목사님을 쫓아가 목사님께 반강제로 축복 기도를 받고 마지막 인사를 나누며 그렇게 떠났다.

수원교회에 다니며 하나님께서는 오빠 목사님의 인품을 보게 하셨다. 나는 예수님을 만난 듯 영이 기뻐하며 즐겁고 행복한 신앙생활, 교회생활이 시작되었다. 첫날 예배드리는 날 친구 회연 집사가 언니와 함께 작별 인사 겸 배웅하는 심정으로 함께 예배에 참석해 주고 축복해 주며 그렇게 떠나갔다. 참으로 귀한 마음이다.

수원에 처음 개척하는 오빠 목사님은 자녀 3명과 사모님, 권사님 한 분, 동생 을순과 아들 2명, 나와 아들 2명 그렇게 12명이 개척 멤버가 되어 새롭게 시작되었다. 송파에서 수원으로 가는 시간은 45분가량 걸려 아침 10시만 되면 동생 가족과 우리 가족은 교회로 출발하였다. 아침부터 아이들을 태우고 맛있는 음식을 사주고, 어떻게든 기분을 맞추어 주려고 늘 살얼음판을 걷는 기분으로 다니었다. 매주 이동하는 차 안에서는 늘 불만이 터져 나오고 언제 터질지 모르는 화약고 마냥 힘들게 가고 있었다. 중간에 조카 하나와 정환이가 고등학교를 졸업하고 우리 집 지하방에 살며 수원교회에 함께 다니게 되었다. 아이들이 힘들어하고 오후 예배드리기 싫다고 하는 것을 그냥 모른 척 하였다. 그러던 어느 날 상은이가 혼자서 집에 간다고 했는데 없어져 찾을 수가 없었다.

그렇게 4시간이 흘러 상은이에게 전화가 왔는데 너무 힘들다고 데리러 와달라는 것이었다. 차가 다니는 큰길을 따라 앞만 보고 걸어왔다는 것이다. 참으로 어처구니없는 사건이었는데, 그 후로 많은 생각을 하게 되었다. 그렇다고 이제 개척한 교회를 외면하고 떠날 수도 없는 상황이어서 참으로 난처하고 힘든 시간을 보내고 있었다.

매주 아이들의 불만 섞인 말과 부정적인 말들이 오고 가는 상황에 모세가 떠올랐다. 모세가 이스라엘 민족을 데리고 홍해를 건너며 이스라엘 민족들이 '음식을 달라', '고기를 달라', '물을 달라'며 불만을 쏟아 놓을 때 모세가 한계를 느끼며 화를 내었던 장면이 떠올랐다. 내가 모세와 비교할 정도는 아니어도 모세가 얼마나 힘들었으면 화를 쏟아 내었을까를 생각하게 되었다. 작은 교회를 이끌어가며 리더로서 해야 할 역할이 얼마나 큰지를 알게 하셨으며, 리더의 자질을 만들어 가셨고 큰 깨달음을 얻게 되는 시간이었음을 알게 하셨다.

금요일이면 아이들 저녁을 빠르게 해결한 후에 금요예배 참석을 위해 을순 동생과 동탄에 사는 계순 동생을 태우고 예배에 참석하였다. 그렇게 빠짐없이 참석하며 힘을 보태며 살아가고 있었다. 무엇이든 가까운 것을 좋아하고 멀리가기를 힘들어하던 나는 가깝지는 않은 교회이지만 조금이나마 보탬이 되기 위하여 노력하고 있었다.

Part 4

신앙의 어머니

01

말하는 대로 이루시는 하나님

*"나는 너를 애굽 땅에서 인도하여 낸 여호와 네 하나님이니
네 입을 크게 열라 내가 채우리라 하였으나"* (시편 81편 10절)

2008년 사랑하는 엄마 최순애 여사가 70세 나이에 암 진단을 받으셨다. 처음 암 진단을 받으신 것이 아니라 60세에 암 진단받은 후 완쾌하셨는데 10년이 지난 후 다른 곳에 또 다시 암 진단을 받으신 것이다.

어린 시절 할아버지를 따라 온 가족이 교회에 다닐 때 엄마는 교회를 다니지 않으셨다.

할아버지가 돌아가시고 시골 밭농사와 논농사, 구멍가게를 하며 여자가 하기에는 너무나 벅찬 일들을 하고 있었다. 아버지는 술을 좋아하시고 놀기를 좋아하셨으며 늘 술에 취해 계셨다. 어린 시절 엄마는 많이 아파하시며 방에만 누워있던

생각들이 난다. 그렇게 아프셨던 엄마는 교회를 멀리하고 병을 치료할 수 있다는 무당을 찾아다니셨다. 학교가 끝나고 집에 와 보면 굿판을 펼치고 있는 모습을 보게 되었다. 너무나 힘든 상황에 오빠와 나는 친구 집으로 도망갔던 생각이 난다.

엄마는 내가 가지고 다니던 성경책도 아궁이에 넣어서 불쏘시개로 사용하였다. 그것을 보고 너무나 충격이 커서 밥을 굶어가며 금식 아닌 금식을 하게 되었으며, 그렇게 3일을 굶게 되었다. 엄마가 무당을 일주일에 한 번씩 집으로 데리고 와 집에서 함께 지내시던 모습이 떠오른다. 엄마의 단단함은 어린 나이에 깰 수 없는 큰 바위 같은 존재였으며 나이가 들어서도 그 단단함은 사그러지지 않았다. 시골집에 가면 집 안 구석구석을 다니며 악한 사단의 권세를 끊는 기도를 해야만 했다.

엄마는 희귀암이란 진단을 받았고 의사 선생님은 치료할 수 없다고 단언하였다. 엄마의 암 치료를 위해 아시는 목사님과 친구들에게 기도를 요청하였다.

방사선 치료를 하기 위해 조그만 개인병원에 입원하시고 삼성병원에 매일 시간을 정해놓고 방사선 치료를 시작하였다. 10번의 방사선 치료를 위해 우리 형제들은 돌아가며 병원으로 출근하였고 나는 엄마한테 매일매일 찾아가 기도 해드리며 복음을 전했다. "엄마! 엄마가 지금이라도 여기까지만 살래요. 그러면 여기까지만 살 거예요. 그렇지만 하나님! 나 좀 살려주세요. 딱 10년만 살려 주시면 이제부터 하나님 잘 믿을게요. 그러면 하나님께서 살려 주실 거예요" 그러자 엄마의 반응이 달라지셨다. 그리고 방사능 치료의 결과는 놀라웠다. 치료할 수 없다던 암 덩어리가 반으로 줄어 있었다.

그 후 엄마는 고향으로 내려가 신앙생활을 시작하셨다. 새벽예배, 수요예배, 식사 전 기도 등 우리도 빼먹는 일들을 엄마는 정성을 다해서 하셨다. "제사도 지내지 않겠다"고 선포하시며 모든 것들을 정리하셨다. 가끔은 작은 아들인 오빠 목사님 교회에 오셔서 함께 예배를 드리며 하나님을 찬양하였다. 유일하신 하나님을 찬양합니다.

엄마 최순애 집사의 암 투병은 우리에겐 선물 같은 삶이었고 함께 추억 쌓기를 하며 위기를 기회로 만들어 갔다. 엄마와 우리 자매들은 한 달에 한 번씩 엄마와의 만남을 갖게 되었고 입맛이 까다로웠던 엄마를 위해 맛집을 찾아 여행을 다니기 시작하였다. 그렇게 매달 맛집 여행과 해마다 해외여행을 다니며 추억을 쌓기 시작하였고, 우리 형제자매들에게도 엄마의 암 투병은 많은 추억과 행복한 기억들이 쌓여 갔으며 잊지 못할 최고의 선물이 되었다.

엄마 최순애 집사의 나이 80세, 암이 생기고 하나님께 기도드렸던 "하나님 딱 10년만 더 살게 해주세요" 기도했던 것처럼 그렇게 딱 10년을 더 사신 후 한 달을 병원에서 투병하셨다. 그리고 2017년 10월 9일 추석이 지난 3일 후 가족을 다 만나신 후 하나님 품에 안기셨다. 장례식장은 축복의 장례식장이 되어 화환이 문 앞까지 셀 수도 없을 정도로 가득 찼다. 엄마의 얼굴은 순수한 아기 같았으며 너무나 곱고 예쁜 모습으로 우리의 마음속에 남게 되었다. 가끔 후회도 해 본다. 20년 더 살게 해달라고 할 걸. 나의 믿음이 그것밖에 안 되었었나 보다. 아니 그때는 10년도 길다고 생각했었던 것 같다.

"나는 너를 애굽 땅에서 인도하여 낸 여호와 네 하나님이니 네 입을 크게 열라 내가 채우리라 하였으나" (시편 81편 10절)

02

신앙의 어머니를 만나다

"모든 성경은 하나님의 감동으로 된 것으로
교훈과 책망과 바르게 함과 의로 교육하기에 유익하니
이는 하나님의 사람으로 온전하게 하며 모든 선한 일을 행할
능력을 갖추게 하려 함이라" (디모데후서 3장 16~17절)

2008년 3월 노미숙 목사님과의 첫 만남은 아주 강렬했다. 학교에서 쉬는 시간에 복도에 서서 이야기하고 있을 때 갑자기 나타나 알아들을 수 없는 말들을 툭하고 던지고 지나가셨다. 나는 '이상한 사람이 다 있다'는 생각을 하며 '도대체 저 사람은 왜 저럴까?'란 의문을 갖게 되었다. 그리고 산곡기도원을 다녀온 후 학교 개강 예배 인도를 한 후 갑자기 찾아와 사역할 교회를 소개 해준다고 하였다. 정말이지 이상한 강도사님으로 기억 속에 깊게 남기고 시간은 흘러갔다.

2012년 졸업하기 전 노미숙 강도사님은 내가 서 있는 곳에서 걸음을 멈추며 시간 있을 때 연락하고 춘천에 놀러 오라고

볼 때마다 몇 번씩 말하며, 전화번호를 남기고 그렇게 떠나갔다. 졸업을 하고 무료하게 시간을 보내고 있을 때 춘천에 놀러 오라는 노 목사님의 말이 생각이 났다. 그래서 춘천으로 발길을 옮겼다. 춘천으로 향하는 길은 너무나 아름다워서 지루하기만 했던 나의 일상을 행복한 시간으로 만들어 주었다.

노 목사님 교회 이름이 특이하였다. 꼭 노 목사님을 닮은 듯한 교회 이름은 '무지개교회', 조금 묘하다는 생각이 들었다. (현재는 아름다운교회로 이름이 바뀌었다) 목사님은 대홍수 방주 사건에서 영감을 받으셨다고 하셨다.

노 목사님은 교회에 처음 찾아온 나를 너무나 친절하게 맞아주시며 하나님께서 나를 만나면 "예수님을 대접하듯이 대접해 주라"고 하셨다고 하셨다. 참으로 놀라운 일이었다.

수원 오빠 목사님 교회에서 일할 사람이 없어 매주 섬기고 매주 아이들과 싸워가며 송파에서 수원교회로 대이동을 하면서 지쳐가고 있었는데, 우리 하나님께서는 나의 힘듦을 아시고 노 목사님을 통하여 쉼을 주시고 행복을 선사해 주셨다. 얼마나 행복하던지 몸도 영혼도 회복되는 시간이었다.

2013년 노미숙 목사님의 교회에서 부흥회를 하였다. 수원교회에 다니던 우리 가족과 수원교회 식구들은 부흥회에 참석하여 많은 은혜를 받고 새롭게 하는 시간이었다. 많은 말씀을 주셨는데 그중 제일 기억에 남는 말씀은 "일어나 빛을 발하라 이는 네 빛이 이르렀고 여호와의 영광이 네 위에 임하였느니라"(이사야 60장 1절) 라는 말씀을 주셨다.

부흥 강사님이 하나님께 받은 은사는 헌금 봉투에 적힌 이름만 보고도 그 사람에게 필요한 말씀을 주시는 것이었다. 나는 조금 욕심도 생기고 목사님이 어떤 말씀을 하실지 궁금함도 생겨 13명 가족의 이름을 모두 적어 헌금을 하였다. 그리고 주시는 말씀을 받아 적어 보관하였다.

나에게 4가지 말씀을 주셨다. "1. 새 일을 행하신다." "2. 나의 것을 구하라" "3. 산자의 하나님이 함께하신다." "4. 아버지가 하시는 일이다. 감사하라, 감사하라. 좋은 것 주고 싶으신데 자리를 만들어라. 성령 인도하심 받아라."

지금도 가끔 보며 함께 기도해 준다.

2003년도에 참된교회를 다니며 매일 교회에서 기도하며 교회에서 본받을만한 신앙의 선배를 찾고 있었지만, 하나님께서 주시는 말씀은 "네가 하면 된다"라는 생각을 주시며 성경과 예수님만 바라보며 살게 하셨다.

나도 사람인지라 보고 배우며 따라가고 싶은 마음에 늘 목말라 있었다. 아직 신앙이 어린아이인지라 그런 마음이 더 갈급했다. 그때 노미숙 목사님을 만났고 하나님께서 "너의 신앙의 어머니다" 라고 하셨다.

노 목사님은 너무나 순수하셨다. 세상에서 한 번도 본 적이 없는 특이할 정도로 나와는 너무도 다른 사람이었다. 세상과는 어울리지 않는 사람이라 할 정도로 사기도 잘 당하고, 가지고 있는 것을 다 나누어 주고, 사람들이 하는 말에 상처를 많이 받기도 하는 등 만나는 사람이 이상한 사람도 많았다.

나는 너무나 이상하고 이해가 되지 않아 "왜 목사님 옆에는 자꾸 이상한 사람만 모여드냐?"고 물어도 보았다. 그러면 목사님은 "성령님께서 하라 하면 하고 가라 하면 가야 된다"고 말씀하셨다.

처음에는 잘 이해되지 않던 일들이 이해되기 시작했다. 세상에 속한 사람과 성령 안에 속한 사람의 차이점은 세상에 속한 사람은 나의 뜻과 나의 생각대로 나의 이익을 위하여 하는 것이며, 성령 안에 있는 사람의 차이점은 내 생각은 내려놓고 성령님께 물어보고 성령님 뜻대로 하려고 노력하며 따르는 것이라는 것을 목사님을 보며 배우고 나를 내려놓으려고 성령님께 묻는 습관을 갖게 되었다.

한번은 노 목사님과 전철타고 서울 상봉터미널에서 만나기로 하였는데 한 시간이 지나도 나타나지 않아 혹시 내가 서 있는 곳이 다른 덴가 싶어 입구까지 들어가 찾아 보았다. 그러나 노 목사님을 찾을 수는 없었다. 지치고 힘은 들고 연락은 되질 않아 그냥 집으로 돌아오게 되었다.

집에 돌아와 저녁에 통화를 하였는데 전철 개찰구를 빠져나와 입구 안쪽에 그대로 한 시간을 넘게 서 있다가 다시 춘천으로 돌아갔다는 것이었다. 너무나 어처구니가 없었다. 얼마나 어이가 없던지 그 날밤 퇴근하고 돌아온 남편에게 같은 말을 몇 번이고 반복하였다. "별 희한한 사람이 다 있다"며 "어떻게 한자리에서 그것도 밖으로 나와 찾아보지도 않고 그렇게 그냥 가버리냐"며 한동안 그 일을 잊을 수가 없었다.

노 목사님의 행동은 이것뿐이 아니라 세상에서는 어설프기 짝이없고 어떻게 보면 맹하다고 할 정도로 아는 것도 없고 모르는 것투성이였다. 그러나 주님 안에서는 강하고 순수하며 영적으로 민감하며 예리하였다.

2016년 7월 12~14일 노미숙 목사님의 교회에서 2박 3일간 함께 하며 둘이서 기도와 찬양을 하며 집회를 하였다. 하나님의 역사하심이 놀랍게 임하셨다.

기도가 시작되니 머리카락이 정전기가 발생하는 것처럼 하늘로 뻗어 올라가고, 춤을 추며 눈을 감아도 어지럽지 않았다. 평소에 눈을 감고 빙글빙글 돌면 어지러워 풀썩 주저앉았을 것이다. 노 목사님이 나의 몸에 손을 대고 기도를 시작하자 남자가 나의 몸을 때리는 듯한 강한 두들김이 전해져 왔다. 다음날은 머리에 손을 얹고 기도하자 지식과 지혜의 은사, 치유의 은사가 머리통과 몸통을 전부 새롭게 하심을 체험케 하셨다.

성령의 은혜가 있는 곳에는 사단의 역사도 함께 따라온다.

하나님의 은혜와 성령 체험이 있으면 늘 조심해야 한다는 것을 느끼는 사건이 생겼다.

2박 3일 은혜 속에 있다가 집으로 돌아왔는데 상은이가 나의 마음을 아프게 하며 상하게 하였다.

2016년 8월 2일 기도하면 손에서 계속된 절임 증세가 나타났다. 머리부터 새롭게 하시고 더 많은 기름 부음을 주실 것 이라는 확신을 주셨다.

2016년 10월 25일 노 목사님이 다른 선배 목사님께 받은 원고가 손으로 적어서 정신이 없다며 컴퓨터로 정리해 달라며 우편으로 보내왔다. 25일에 원고를 받아 11월 6일까지 정리하였다. 놀라운 일을 체험하였다. 원고를 자판에 옮길 때마다 손에 전율이 흐르며 기름 부음이 느껴졌다.

2017년 4월 28일 손을 들고 기도하는데 손이 나무토막처럼 뻣뻣하고 내려 오지를 않고 꿈쩍도 하지 않았다. 기도 중 커튼이 바람에 날리는 듯한 체험을 주시며 들려 주시는 말씀이 있었다. "너는 강한 것을 싫어하므로 부드러운 임재가 임하신다. 다른 사람은 듣지도 보지도 못한 매출을 이룰 것이며 광야는 끝났다. 지금까지 힘들었던 것 다 내려놓아라. 편하여지어라."

03

나를 찾아서

"야곱아 너를 창조하신 여호와께서 지금 말씀하시느니라
이스라엘아 너를 지으신 이가 말씀하시느니라
너는 두려워하지 말라 내가 너를 구속하였고
내가 너를 지명하여 불렀나니 너는 내 것이라" (이사야 43장 1절)

2012년 예음 음악신학교를 졸업하고 1년간의 쉼을 갖게 되었다. 마음 한구석에는 뭔가 끝나지 않은 아직 매듭을 묶지 않은 듯한 묘한 느낌이 남아 있었지만, 그렇게 하루하루를 보내고 있었다.

2013년 문명숙 목사님과 통화하던 중 한국상담개발원에서 상담 공부를 한다는 것이었다. 나 또한 상담 공부를 하고 싶었던 마음이 있었기에 "나도 하고 싶은데 함께 하고 싶다"고 하여 상담 공부를 시작하였다. 상담 공부를 하고 싶었던 계기는 평소 사람에 대한 관심이 컸으며 사람의 심리를 알고 싶다는 욕구가 크게 마음을 움직였다.

나는 자존감이 낮아 상처가 되는 말을 듣게 되면 아닌 척 하였지만, 속에서는 화가 치밀어 오르고 마음의 문을 닫을 때가 많았다. 사람들과 대화를 할 때도 들어 주는 것이 너무 힘들었다. 그런 나에게 나를 찾는 에니어그램이라는 프로그램을 만나며 나의 생활과 생각 등 나를 객관적으로 바라보는 눈이 떠졌다.

상담 공부를 통해 사람을 이해하게 되었으며 사람이 영으로 산다고 사람과의 관계를 단절할 수도 없거니와 혼자서 살수는 없으므로, 많은 사람들이 꼭 상담을 필수 과목으로 배우면 좋겠다는 생각까지 들었다. 그전에는 나와는 다른 사람들을 만나면 이해도 하지 못했고 말도 섞고 싶지 않다는 생각까지 하였다.

나는 나 자신을 이해 못 하고 나에 대해 잘 몰라 나 자신에게조차 혼란스러울 때가 많았었다. 그러던 나에게 나를 먼저 배우며 나를 이해하는 에니어그램을 통해 내 속에 치유가 일어났다.

부부 상담을 배우며 부부와의 관계에서 대화하는 방법, 문제를 해결해 가는 방법을 정리해 가기 시작하였다. 지금까지는 문제 해결하는 방법을 몰라 대화가 서툴렀고 자존감이 계속 낮아지고 있었다. 이렇게 나의 마음에 변화와 치유가 일어나며 놀라운 일이 생겨났다. 남편과의 관계가 좋아지고 남편이 나를 존중해주며 바닥을 쳐가던 자존감이 자신감으로 채워지고 있었다.

2013년 8월 상담과 코칭을 배우며 다른 사람을 지도해 줄 수 있는 방법들을 깨달아가며 하나씩 접목해 나가기 시작했다.

맨 먼저 초등학교와 중학교, 고등학교에 상담 실습을 하기 시작하였고, 학교에서 진로를 도와 코칭 강의를 하게 되었다. 학교에서 방과 후 지도를 통해 학생들에게 자신을 찾아가도록 도와주기 시작하였다. 학생들이 자신을 알아가는 모습을 보면서 마음에 뿌듯함과 행복한 마음이 넘쳐났다.

아이들을 사랑하는 마음과 진정으로 걱정하는 마음이 전달되었는지 현암고등학교 상담 선생님으로 와달라고 요청이 들어 왔다. 그러나 이때의 상황은 대학원 공부와 박사논문을 준비하는 과정이므로 정중히 거절하였다.

코칭을 배우며 강의를 시작하면서 코칭센터에서 강사가 되기 위하여 1박 2일 동안 강사 자질을 시험하고 테스트를 받는 시간에 갑자기 주제를 주며 1분 스피치를 그 자리에서 하기도 하였다. 준비하지 않고 갑자기 서는 자리는 나에게 엄청난 스트레스였으며 많은 사람 앞에 서면 머리가 하얘지고 입이 막혀 버렸다.

1박 2일은 엄청난 압박과 스트레스의 시간이었다. 아니나 다를까. 1분 스피치의 테스트에서 탈락했고 다시 한번 더 탈락하면 강의할 수가 없는 상태까지 갔다. 코칭센터장은 떨어진 사람들에게 하루 전날 미리 주제를 주고 준비해 보라고 하였다. 그러나 한두 명도 아니고 30명 가까이 되는 사람과 심사하는 사람들은 전문가들을 초빙하여 테스트하며 심사하고 있었다.

생각만 해도 아찔하고 숨이 막혀왔다. 전날 집에 돌아가 한숨만 쏟아내며 당장 때려치울까를 생각하며 어떡해야 할지를 몰라 안절부절 하였다. 그렇게 몇시간이 흘러 깊은 생각을 하게 되었다. 이번 기회에 때려치우고 물러선다면 이제 다시는 일어서지 못할 것 같다는 생각과 죽기 살기로 해보자는 오기가 마음 깊은 곳에서 생겨나기 시작했다.

1분 스피치 주제에 맞게 이야기를 생각하고 몇 번이고 머릿속에서 되뇌며 이야기를 생각해 내었다. 계속된 연습으로 다행히 통과하였고 그렇게 해내었다는 자신감이 생겨나고 있었다. 이때의 연습과 실전들이 나의 생활과 아이들을 가르치는 곳에서 설교에서 너무나 큰 역할을 하고 있다. 시험은 어느 곳에서든지 힘든 것이라는 것을 깨달았지만 시험이 있어야 영으로나 육으로나 성장할 수가 있다는 것을 알게 되었으며 나의 마음의 넓이가 아주 커져가고 있다는 것을 느끼는 시간이었다.

1분 스피치 준비를 하면서 스트레스와 압박감이 심하다고 때려치웠다면, 이런 큰 선물을 받을 수 있었을까? 생각해 본다.

2014년 코칭을 배우며 코칭에 대한 열정이 넘쳐나 코칭센터를 시작하였다. 그러나 센터를 시작하는 것이 그냥 이루어지는 것이 아니라 학교를 찾아다니며 발로 뛰며 영업을 해야 한다는 것을 초보인 내가 알 리가 없었다. 당연히 본 센터에서 일이 내려올 줄 알았지만, 본 센터에서는 오히려 일을 주는 게 아니라 내가 있는 지역의 일까지 모두 쓸어가고 알아서 하라는 식이였다.

엎친 데 덮친다고 센터를 열자마자 학교 강의 1학기 수업이 뒤로 밀려 반 학기를 손 놓고 쉬게 되었다. 센터를 괜히 시작했다는 마음과 센터를 운영하는데 계속된 적자로 인하여 센터장과 이야기 끝에 내려놓기로 하였다.

코칭센터를 접으며 상담실과 학교 강의를 접목하며 상담을 하면서 상담은 사람의 학습적인 방법만으로 하는 게 아니라는 상담 목사님들의 이야기를 듣게 되고, 많은 생각을 하게 되었다. 사람의 마음을 치유하는 일이므로 마음의 치유를 하고 싶다는 생각이 들게었다. 기도하며 상담목회를 공부하고 상담 목사의 길을 걷게 되었다.

공부를 시작하며 상담실은 빈 공간으로 남아 있을 때가 많았는데 나와 함께 공부 하던 두 분이 갈 곳이 없다고 하며 함께 하길 원했다. 상담 선배이며 상담을 오래하고 계셔 많은 노하우를 얻을 수 있을 것 같았다. 혼자서 할 때보다 함께 하니 많은 힘이 되었고 모든 일을 할 때마다 큰 도움을 주셨다. 많은 것을 배울 수 있는 시간이었다.

상담 공부와 상담목회를 배우며 그곳에서 만난 교수님과의 인연으로 소방관들의 PTSD를 상담하며 치유하는 일을 함께하고 소방관들의 아픔을 알게 되었으며 1주일에 3~4일을 대전까지 출근하였다. 6개월 동안 대전 소방서를 찾아다니며 소방관들의 아픔을 들어 주고 PTSD를 검사하며 대전에서 하던 일들을 서울 소방관에 소개되며 일이 하나둘 잘 풀리고 상담실 운영이 잘 되어 가는 듯하였다.

학교 강의는 제일 어렸던 내가 전담을 하고, 상담은 홈페이지를 통해 들어오기도 하였고, 경기도 성남시에서도 소개로 들어왔는데 상담을 오래 하셨던 선생님이 도맡아 하셨다. 나의 마음에는 직접 상담을 하고 싶다는 마음이 컸지만 초보라는 마음에 상담은 어렵게만 다가왔다. 상담은 하면 할수록 어렵다는 생각이 들었다. 그렇게 상담실을 운영하고 1년간 바쁘게 발로 뛰어다니며 수입은 소방관 PTSD 상담, 학교 코칭 강의, 심리상담 등으로 간신히 버티며 얼마 되지 않았지만 행복하며 뿌듯한 시간을 보내고 있었다.

2015년 함께한 상담 선생님과 뇌 상담학 박사를 준비하기 시작하였다.

뇌 상담학 박사를 준비하기 위해서는 많은 돈이 들어갔지만 한번 시작한 공부를 내려놓기에는 끝내지 못한 아쉬움, 미련 등 여러 가지에 의해 휩쓸리듯 누가 밀지도 않는데 그렇게 밀려가고 있었다.

상담센터가 1년 동안 비젼이 보이니 사람의 욕심이 들어가기 시작하였다. 더 넓고 큰 곳으로 가기를 원해 새로운 곳으로 이전을 하게 되었다. 고속버스터미널 앞으로 이전을 하여 유동 인구가 많아 사람들이 많이 찾아 올줄 알았지만, 다달이 내야 하는 월세는 비싸고 한 달에 한 명 찾아올까 말까 할 정도로 힘든 상황이 되었다.

학교 강의는 한 건도 들어오지 않았고, 소방관 PTSD 상담도 끊기고, 상담 마저 지인의 소개가 아니면 한 명도 없는 상태가 되었다. 그렇게 두 달의 시간이 흐르며 계속 적자를 내고 있었다. 상담실 월세는 300만 원으로 상담실을 운영하며 내야 하는 월세가 너무나 큰 금액이었기에 지금까지 버텨온 것도 아이들의 희생으로 간신히 버텨 왔기에 또다시 감당하기가 힘이 들었다.

상담학 박사를 공부한다고 낸 빚이 수천만 원을 넘어가고 있었는데 이러한 상황에서 각자 분담해야 할 돈이 너무나 무겁고 크게 다가왔다.

지금까지 공부하며 센터를 운영한다고 하면서 돈 한 푼 가져다 주지도 못하면서 남편에게 손을 벌릴 수도 그렇다고 줄 사람도 아니라는 생각이 들었다. 이대로 또 빚을 낼 수는 없는 상황이고 자리만 차지하고 있기에는 너무나 답답하고 숨이 막혀오는 상황이었다. 그렇게 일자리를 찾아 상담실과는 거리가 먼 길을 걸어가게 되었다.

Part 5

이끌어 가심

01

이끌어 가심

"이제 가라 내가 네 입과 함께 있어서 할 말을 가르치리라"

(출애굽기 4장 12절)

　수원 오빠 교회에서 가족들이 너무 오래 함께하면 안 될 것 같다는 생각이 들었다. 오빠 목사님께는 미안하고 죄송스러웠지만 2014년을 끝으로 수원을 떠나왔다.

　주일이면 아이들을 데리고 센터에서 5명이 예배를 드리기 시작하였다. 성남의 제일 싼 곳을 찾아 월세 50만 원으로 시작하였다. 아이들과 강의실을 꾸미고 예배실을 예쁘게 만들어 갔다. 하얀 벽에 큰 나무를 그리어 따뜻함을 불어 넣고 다른 한쪽에는 말씀을 핑크색 하트 메모지에 적어 붙였다. 다른 한쪽 공간에는 악보가 날아다니는 그림을 완성해 그려 넣었다. 예배가 끝나고 나면 음악을 크게 틀어 놓고 함께 정리하니 아이들은 너무나 행복해하였다. 수원으로 다니며 투덜대던 아이들은 휘파람을 불며 소풍 다니듯 행복해하고 주일이 되면 즐겁게 예배를 드리기 시작하였다.

2016년 7월 17일 주일예배 때 찬양 부르며 아이들을 위해 한 명씩 기도해 주는데 손에서 강한 힘이 흘러 나가는 것이 느껴졌다. 그리고 주일예배 때마다 손에서 강한 힘이 느껴졌다. 힘들게 하던 아이들이 예배를 드리고 찬양하며 기도해 주고 나면, 기도를 받는 아이들은 성격이 온순해지며 나를 바라보는 눈빛도 변하는 것이 느껴졌다.

2016년 8월 7일 매 주일 아이들을 위해 머리에 손을 얹고 기도해 주는데 통나무같이 뻣뻣하던 조카 몸이 2번째 기도 때는 하늘로부터 조카 몸 쪽으로 빛이 내려왔다. 3번째 기도하는데 조카의 몸이 두부처럼 부들부들 해지는 체험을 하였다.

5명의 아이들과 드리는 예배였지만 참으로 행복하고 아이들의 헌신으로 운영되고 있었다. 아이들은 취업 준비생, 수험생이었는데 교회 월세 내기에도 늘 빠듯하였다. 그때 도움을 준 사람이 큰아들 상현이었다. 얼마 벌지 못하던 때였는데도 교회 월세를 책임져주다가 입대했는데, 마음에는 늘 감사로 남아 있다. 큰아들은 어려서부터 호기심이 많고 머리가 비상

하고 에너지가 넘쳐 조용히 지나가는 날이 없을 정도였다. 내가 힘들 때 많은 기대를 하지 않았었는데 큰 도움을 받고 얼마나 감사한지 큰 감동으로 남아 있다.

상담실을 운영하다가 상담실을 접으면서 예배를 집에서 드리게 되었다.

집에서 드리는 예배는 아주 간단한 형식을 갖추고 드리기 시작하였고 큰아들은 군대로 떠나가고 조카는 결혼해서 떠나고 온 힘을 쥐어짜서 드리는 예배가 왜 그리 벅차고 힘이 드는지. 설교할 생각만 하면 답답한 마음이 앞서고 있었다. 그러나 그대로 주저앉을 수는 없기에 어떻게든 살아나기 위해서는 내 영이 먼저 살아나야 한다는 생각이 들었다.

2017년 1부 예배를 아이들과 드리고 2시 예배를 드리기 위하여 춘천으로 차를 몰고 힘차게 엑셀을 밟기 시작하였다. 주일 오후 고속도로는 서울로 향하는 차들은 많은데 춘천으로 향하는 차는 다행히 많지 않았다. 다른 때 같으면 풍경을 보며 행복해하며 가던 길을 2시 예배 시간에 맞춰 가야 하기 때문에 오로지 앞만 보고 달려가기 시작했다. 그렇게 매주 주일이면 어김없이 11시 예배는 아이들과 드리고 2시 예배는 춘천에서 드리며 서울과 춘천을 오고 가며 시들어 가던 영도 마음도 되살아나며 행복한 시간을 맞이하게 되었다. 내 영이 살아나면서 아이들의 영을 살리고 말씀 준비에도 더욱 정성을 드리게 되었다.

나는 멀리 다니는 것을 싫어하여 교회도 집 앞 가까운 곳만을 다니고 무엇이든지 가까운 곳에서 해결하고 싶어 하였는데 교회도 멀리멀리 보내시고 강의도 경기도로, 강원도로, 전라도로 먼 곳에 다니는 훈련을 하고 계셨다. 그래서일까? 이제는 1주일에 한 번씩 다니는 춘천까지의 길이 멀게 느껴지지 않고 너무나 가까운 곳이 되어 가고 있었다. 그렇게 하나님께서는 나를 훈련하시며 이끌어 가고 계셨다.

02

부동산

"여호와의 손이 짧아 구원하지 못하심도 아니요
귀가 둔하여 듣지 못하심도 아니라" (이사야 59장 1절)

2017년 상담실이 고속버스터미널 근처로 이전을 하며 계속되는 불황 속에서 엄청난 부담감을 떨칠 수가 없게 되었다. 한계점에 부닥치며 일자리를 알아보기 시작하였다.

내가 할 수 있는 것이 무엇일까를 생각하며 일자리를 찾아 핸드폰을 뒤적이기 시작하였다. 두 가지로 좁혀졌다. 아이들을 가르치는 학습지 선생님과 부동산에서 배우며 하는 일이 눈에 들어왔다. 일단 학습지 선생님에 도전하기로 마음을 먹고 학습지 경험이 있는 지인들에게 알아보기 시작하였다. 그런데 지인들은 반대하는 것이었다. 학습지는 영업을 같이 해야 되며 나와는 맞지 않고 버티기 힘들 것 같다며 반대를 하는 것이었다. 그러나 무조건 그들의 말만을 듣고 포기하기에는 알 수가 없기에 이력서를 쓰고 면접을 보게 되었다. 면접을 보자마자 무조건 출근하라며 환영해 주었다. 그러나 나는 수에 대한 개념도 약하고 수학과는 친하지 않아 학습지에 대한 부담감이 들기 시작하며 학습지 선생님에 대한 마음을 접기로 하였다.

그리고 예전부터 부동산에 대한 호기심과 배우고 싶다는 생각이 머릿속에 남아 있어 이번에는 부동산에 대해 알아보며 면접 날짜를 잡고 면접 시간에 맞춰 부동산 사무실에 올라갔다.

부동산 입구에 들어가자, 부동산 분위기에 압도되고 말았다. 멋진 인테리어와 깔끔하게 정돈된 사무실이 사람을 주눅들게 하며 '나도 이런 곳에서 일할 수 있을까?' 묘한 감정을 느꼈다. 그리고 면접 시간에 맞추어 조그마한 중년 여자가 동네 아줌마처럼 따뜻하게 반겨 주었다. 그 사람이 장윤화 팀장이다. 장윤화 팀장은 하나님을 믿으며 많은 선교와 교회에서 여러 가지 사역을 담당하고 있었다.

한번은 장윤화 팀장이 당신의 어머니가 당뇨로 많이 아프시며 현재 교회를 가지 않고 계시는 데 마음이 아프다며 어머니께 어떤 말씀을 주시면 좋을지를 물어 왔다. 나는 아무런 말씀이 떠오르지 않아 난감하였다. 알고 있는 말씀도 생각나는 말씀도 없었다. 그런데 잠시 후 돌아서며 나의 입에서 툭 튀어나오는 말씀이 있었다. "손이 짧아 구원하지 못함이 아니요" '나는 이게 뭐지'라며 그대로 장윤화 팀장께 말해주며 말씀을 찾아보라고 알려 주었다. 장윤화 팀장은 어머니께 그 말씀 찾아 전해 주었고, 그 후로 함께 교회에 잘 다니신다는 이야기를 듣게 되었다.

"여호와의 손이 짧아 구원하지 못하심도 아니요 귀가 둔하여 듣지 못하심도 아니라" (이사야 59장 1절)

지금도 가끔 연락하며 안부를 묻곤 한다. 그리고 자신 없어 하는 나에게 누구나 할 수 있는 일이고 배우면 할 수 있다고 소개해 주었다. 이 사람을 보며 나도 이 사람과 함께라면 일할 수 있겠다는 생각이 들었다. 출근 날짜를 정하고 바로 출근을 하게 되었는데 출근을 하며 내가 알던 부동산과는 살짝 다른 풍경을 보며 당황하였다. 첫 출근에 교육을 받으며 내가 알지 못하는 세상이 많다는 생각을 하게 되었다.

내가 해야 되는 일은 내가 알고 배운 것을 사람들에게 소개해 주는 일이었다. 너무나 신기하고 몰랐던 일을 접하며 배우면 배울수록 알면 알수록 더 많은 것을 알려주고 싶어졌다. 얼마나 흥분되고 좋았는지, 얼마나 미쳐 있었는지, 만나는 사람마다 입에서 머릿속에서 떠나질 않았다. 사람들이 다 알았으면 좋겠고 아는 사람들이 모두 잘살았으면 좋겠다는 생각이 들었다. 그렇게 미쳐서 1년이란 세월을 보내고 있었다. 얼마나 재미있고 즐거운지 5년이든 10년이든 몇 년이고 이곳에 뿌리를 내리고 싶을 정도로 시간은 빠르게 지나며 1년이 지나갔다.

일을 얼마나 잘했는지 초고속 승진을 하며 팀장이 되었다. 회사에서도 나와 같은 사람은 처음이며 1년 만에 팀장을 세운 것도 처음이라고 하였다. 지금까지 내가 벌어보지도 만져보지도 못한 돈을 이곳에서 벌며 돈에 대한 생각도 달라지는 경험을 하게 되었다. 이때 벌었던 돈으로 상담실과 학위를 위해 수천만 원이나 남아 있던 빚을 청산하게 되었다. 이곳에서 친구도 얻게 되었는데 지금까지도 둘도 없는 친구가 되어 좋은 것이 있으면 나누고, 어려운 일이 생기면 서로 도움을 주는 친구로 남아 있다.

한번은 춘천에 땅을 보러 가는 도중에 환상을 보게 되었다. 분명히 내가 본 땅 옆에 공사장에서만 볼 수 있는 큰 타워크레인이 일하고 있는 것을 보며 '우와 벌써 아파트 공사를 하고 있구나'라며 땅을 계약하고 들떠서 돌아와 팀원들과 남편에게 이야기하게 되었다. 몇 달이 지난 후 그곳을 찾아 아파트 공사 하던 곳을 아무리 찾아도 보이질 않고 빈 공터만 남아 있었다. 몇 번을 찾아다녔지만, 그 지역에 아파트 공사를 하는 곳은 없었다. 나중에 너무 이상해 물어보니 눈을 뜨고도 환상을 보여 주신다는 말을 듣고, 그때서야 내가 환상을 보았다는 것을 깨닫게 되었다.

2018년 6월 1일 팀장이 되고 사원 때와는 다른 일들이 매일 벌어지고 있었다. 하루 세 번씩 회의를 하고 그날의 실적을 보고하며 실적이 없을 때는 엄청난 압박으로 짓누르고 있었다. 머리를 누가 누르고 있는 듯한 무거움과 눈을 뜨기 힘들고 출근하기가 점차 무섭게 느껴지기 시작하였다. 내가 바라볼 곳은 아무도 없고 오로지 주님만 바라보며 금식을 선포하였다.

시간이 지날수록 임원들의 요구는 멈추지 않고, 실적에 대한 압박은 계속되었다. 직접 나서서 팀원 모집도 해야 하고 실적을 내야 하는 이중고에 시달리며 버거움이 몰려오고 있을 때였다. 갑자기 고객으로 계셨던 권사님의 얼굴이 새벽에 떠오르며 전화가 올 거라는 확신이 들었다.

6월 28일 점심시간에 권사님에게서 전화가 왔다. 8월 말잔금이 나오면 계약하고 싶다고 하는 것이었다. 기가 막힌 타이밍이었다. 여러 가지의 사건과 일들이 생겼지만, 회사와 임원들의 마음에 차지를 않자 계속된 압박과 사원으로 내려가라는 말을 대놓고 하기 시작하였다.

2018년 6월 23일 QT를 하며 30일 금식이 끝나가며 주신 말씀으로 나는 그 자리에서 펑펑 울며 나를 왜 이곳으로 보내셨으며 하나님께서 나를 내버려두고 계시지 않는다는 것을 깨닫게 되었고, 왜 이곳에 보내었는가에 대한 답을 찾게 되며 서서히 내려놓게 되었다. 금식이 끝나며 주신 말씀은 신명기 8장 15~18절 말씀이다.

"15절 너를 인도하여 그 광대하고 위험한 광야 곧 불뱀과 전갈이 있고 물이 없는 간조한 땅을 지나게 하셨으며 또 너를 위하여 단단한 반석에서 물을 내셨으며 16절 네 조상들도 알지 못하던 만나를 광야에서 네게 먹이셨나니 이는 다 너를 낮추시며 너를 시험하사 마침내 네게 복을 주려 하심이었느니라 17절 그러나 네가 마음에 이르기를 내 능력과 내 손의 힘으로 내가 이 재물을 얻었다 말할 것이라 18절 네 하나님 여호와를 기억하라 그가 네게 재물 얻을 능력을 주셨음이라 이같이 하심은 네 조상들에게 맹세하신 언약을 오늘과 같이 이루려 하심이니라"

한 달간의 금식이 끝난 후 사장님과 임원들이 완전히 다른 사람들이 된 것처럼 부드러워졌다. 참으로 놀라운 일이었다. 그때를 생각해 보면 얼마나 사람을 힘들게 하는지 임원들과 회의만 하고 나오면 자라목이 된 것처럼 나의 머리가 짓눌려서 어깨와 머리가 달라붙는 듯한 느낌을 잊을 수가 없다. 금식의 힘을 알지 못하던 나에게는 그런 기회를 통하여 금식의 놀라운 체험을 하게 되었다.

2018년 8월 22일 눈이 뻑뻑 해오며 많이 아파지기 시작하였다. 눈이 아파서 신경이 쓰이기 시작하였는데 그다음 날도 아픈 것은 계속되었다. 거울을 보니 다래끼가 눈 밑에서 빨갛게 부어올라 오고 있었다. 눈을 손으로 누르며 기도하기 시작하였다. 기도하며 다래끼가 올라오는 것을 짜기 시작하였다. 시원해지기 시작하였다. 거울을 들고 눈을 보니 다래끼가 없어지고 멀쩡한 것이었다. 할렐루야! 치유의 역사가 흐르고 있었다.

2018년 9월 1년 반이란 시간을 끝으로 부동산에서의 화려한 시간을 정리하였다. 마음이 시원하면서도 내가 할 수 없었던 너무나 화려했던 경험이었지만 돌아가고 싶지 않은 시간이다. 지금 당장은 아니겠지만 준비하고 계실 하나님의 큰 선물을 기대해 보고 싶다.

03

하나님이 준비하신 선물

"믿음이 없이는 하나님을 기쁘시게 하지 못하나니
하나님께 나아가는 자는 반드시 그가 계신 것과
또한 그가 자기를 찾는 자들에게
상 주시는 이심을 믿어야 할지니라" (히브리서 11장 6절)

춘천 노미숙 목사님은 나에게 "하나님께서 선물을 주신대요"라며 보기만 하면 입버릇처럼 말씀하셨다. 나는 무엇을 주실지 궁금하면서도 큰 기대는 하지 않고 있었다.

2019년 3월 예음에서 만난 최윤정 지휘자에게서 전화가 왔다. 최윤정 지휘자와는 예음에서 합창 수업을 들으며 친해지고, 학교 행사에서 지휘자와 중찬단원으로 만난 관계였는데, 열정과 카리스마가 넘치게 지휘를 하는 사람이다.

최윤정 지휘자는 자기가 화곡동교회에서 지휘를 하고 있으며 주일학교와 중고등부에 자리가 비어 있으니 함께 사역을 하자는 것이었다. 그리고는 우리 같은 사람들이 하나님의 일을 하면서 사람을 세워야 하지 않겠냐는 말에 나의 마음이 움직이기 시작하였다.

일주일 동안 기도와 묵상을 하며 한번 도전해 보고 싶다는 생각이 들었다.

나의 경험을 통하여 중학생과 고등학생들 코칭수업을 하던 경험이 생각이 나며 그것을 접목하여 사역을 해보고 싶었다. 이력서를 작성하고 보니 사역에 도움이 될지 많은 생각이 들었지만, 하나님께서 사용하신다면 따르겠다는 마음으로 화곡동에 이력서를 들고 목사님과 면담을 하게 되었다. 그러나 전날 중고등부 사역자가 이미 결정되었다는 것이었다. 그리고 하시는 말씀이 초등부 사역자 자리가 남아 있으니 초등부 사역자로 와달라고 하셨다. 그렇게 생각지도 못한 초등부 사역자로 일하게 되었다.

교회의 첫인상은 나의 어린 시절 교회를 연상케 하였다. 교회 식구들은 나를 따뜻하게 맞이해 주셨으며, 교회 어르신들은 어머니 같고, 아버지같이 따뜻하셨다. 오랜만에 느껴보는 따뜻함이었다. 노미숙 목사님이 입버릇처럼 말하던 '하나님이 선물준다는 것'이 이것이라는 생각이 들었다. 금요 기도회에서 기도회를 인도하자 목사님과 성도들이 나를 바라보는 눈빛이 변하였다. 성도들은 내가 궁금하다며 최윤정 지휘자를 통하여 나에 대해 자세히 알고 싶어 하였다. 3월 말부터 교회 사역자로 사역하면서 그해 12월 말에는 목사님이 얼마나 바쁘신지 주일 설교를 나에게 하라고 하시는 것이었다. 참으로 놀라운 일이었다.

설교 준비를 하면서 녹음을 하고 목소리 체크까지 하면서 연습을 하였다. 그러나 얼마나 긴장을 했던지 30분간 해야 할 설교를 20분 만에 끝내고 말았다. 목사님께서 다시 길게 하라고 하여 급하게 수정하고 2부 예배에서는 찬양까지 부르던 일이 생기었다. 참으로 귀한 시간이었다. 이곳에서 사역하며 알게 된 중고등부 사역을 하셨던 진영석 목사님은 천재적인 아티스트 기질로 사역하시었는데, 많은 것을 배우게 되었다. 그러나 진영석 목사님의 아티스트적인 기질은 교회에서 추구하는 사역과는 거리가 멀었고, 그해 12월 다른 곳으로 떠나게 되셨다.

첫날 주일학교 예배 시간의 모습은 잊을 수가 없다. 1부 어른들과 예배를 드린 후 주일학교 예배 시간에 맞춰 주일학교 예배실로 들어가 기다렸지만 주일학교 어린아이들은 전부 합쳐야 3명뿐이었다. 주일학교 어린이를 보면서 난감하여 어떻게 할지 고민스러웠다. 출석부를 보며 한명 한명 전화하고 찾아다니며 출석하게 된 친구들이 13명이 되었다. 예배가 끝나고 나면 매 주일 한명 한명 머리에 손을 얹고 온 마음을 다해 축복기도를 해주고 매일매일 시간을 정해 놓고 아이들의 이름을 부르며 기도와 사랑을 쏟아부었다. 그렇게 1년을 금요 기도회 인도와 주일학교 아이들과 함께하며 몇 년이고 함께 하고 싶어졌고, 이곳으로 이사 오고 싶다는 생각까지 들었다.

나는 너무나 행복해 들떠 있었다. 그러나 이러한 행복도 잠시 갑자기 코로나19 전염병이 전 세계적으로 터지면서 교회 나오지 않던 주일학교 부모님들은 아이들을 위험하다며 한 명도 보내지 않게 되었고, 주일학교는 잠정적으로 쉬게 되었다. 주일학교 사역자로 와있던 나는 갈 곳을 잃게 되었고, 함께 쭉 갈 것처럼 보였던 목사님, 장로님, 권사님, 집사님들의 사랑이 변해가는 것을 보게 되었고, 어떻게 보면 사회생활보다도 냉정한 교회의 사정을 알아가며 마음이 많이 아프고 씁쓸하였지만 내가 할 수 있는 일은 없으므로 그렇게 1년 6개월을 끝으로 교회에서 나오게 되었다. 짧은 시간이었지만 하나님께서 주셨던 참으로 귀한 선물이며 귀한 시간이었다.

잊지 못할 일은 떠나온 지 1년이 지나며 잊혀 갈 때쯤 아무도 알아주지 않던 생일을 주일학교 친구 2명에게서 연락이 와 생일 축하를 해주었는데 얼마나 감격했는지. 그때서야 깨

닳게 되었다. 결코 그냥 흘러온 시간이 아니라는 것을. 사랑을 듬뿍 주었던 기억을 잊지 않았던 친구들로 인해 마음속에 남아 있던 서운함과 쓸쓸함이 사라져 가고 있었다. 결코 헛되지 않았음을.

Part 6

성령이 불타는 교회

01

성령이 불타는 교회

"보혜사 곧 아버지께서 내 이름으로 보내실 성령
그가 너희에게 모든 것을 가르치고 내가 너희에게 말한
모든 것을 생각나게 하리라"(요한복음 14장 26절)

2019년 5월 20일 주일 저녁 아랫입술 안쪽에 물집이 잡혀서 주위가 온통 욱신거렸다. 오른쪽 가슴 위쪽으로는 숨을 쉴 때마다 고통이 밀려왔다. 벌써 3일째 이러고 있다. 한 손은 입술 안쪽에, 한 손은 가슴 위쪽에 손을 양쪽 두 군데 아픈 곳에 대고 기도하였다. 며칠을 계속 기도하며 월요일이 되었다. 고지혈약을 정기적으로 타러 가는 날 병원에 들러 선생님과 면담하며 입안을 보여 드렸는데 물집이 보이지 않는다고 하셨다. 약을 타서 집에 돌아와 입안을 살펴보니 물집이 보이질 않았다. 주위가 그냥 빨갛게 보이기만 하였다.

2019년 9월 2째주 기도문 작성을 하고 있었다. 목에서 무언가가 올라오는 것처럼 느껴졌다. 감기 증상처럼 아프고 주일 아침 목이 잠기고 소리가 잘 나오지 않았다. 주일 아침 찬양을 인도하는데, 평소에 물이 없으면 목소리가 잠기고 갈라질 텐데 물을 마시지 않았는데도 소리가 깨끗하게 잘 나오는 것이었다.

부동산에서 많은 수입이 들어오자, 돈에 대한 개념이 약간 희미해질 때쯤 노미숙 목사님은 교회 이전을 위해 돈을 빌려달라며 몇 달 후 다른 분이 주기로 했다며 금방 갚을 거라고 하셨다. 그러나 돈을 주신다던 분이 잠적을 해버렸고, 다시 한번 빚을 떠안고 말았다. 교회 사역을 그만두며 빚을 갚아야 한다는 생각으로 일을 찾아 매달 갚아 나가고 있었고, 장애인 활동 지원사로 하루 2시간만 하면 되는 일이 들어왔고, 남는 시간을 이용하여 쿠팡에서 음식을 전달해 주는 일을 병행하고 있었다.

돈만 생기면 빚을 갚느라 얼마 남지 않은 돈으로 빠듯하게 하루하루를 버티며 살아가고 있었다. 숨이 턱턱 막혀 오고 있었다. 노 목사님을 야속해 하며 원망이 밀려오기도 하였다. 사람인지라 아무리 좋아도 어려운 일이 닥치면 좋았던 건 생각나지 않고 원망하고 야속해하는 나의 모습을 바라보며, 나를 다스려가며 열심히 빚을 갚아가고 있었다. 얼마나 열심히 일을 했는지 3년 갚아야 할 돈을 2년 만에 갚아가며 끝이 보이고 있을 때였다.

2019년 목요일 춘천 아름다운교회에 기도하기 위해 앉았는데 앉자마자 무엇인가가 훅훅 들어왔다. 저녁때는 4층에서 자려고 누웠는데 발끝부터 부드러운 무엇인가가 쭉 올라오는 것이 느껴졌다. 잠을 잘못 자는 날이 계속되고 있었는데 이 사건을 통하여 깊은 잠을 자게 되었다.

다음날 노 목사님께 어제의 사건을 이야기하였더니 성령님의 손길이라고 알려 주셨다. 그날 저녁 9시에 잠이 들었는데 한 번도 깨지 않았고 눈을 떠보니 아침 9시였다. 2019년 10월 아름다운교회에서 기도하는데 환상을 보여 주셨다. 이날 3가지 환상을 보게 하셨는데 아름다운교회가 성령의 불에 활활 타오르고 있었다. 두 번째는 내가 살고있는 빌라가 여러 가지 색깔의 전선으로 꽁꽁 묶여 있는 것을 보게 하셨다.

빌라가 30년이 넘어가며 노후로 여러 문제가 생겨 재건축을 하기 위해 몇 년째 애쓰며 안간힘을 다해 어떻게든 해보려 해도 꼼짝을 하지 않았었는데, 기도를 많이 해야 한다는 것을 깨닫게 하셨다. 세 번째 환상은 화곡동교회가 보이는데 아주 캄캄하고 어두워 아무것도 보이지 않는 가운데 예배당 가운데에 한 줄기 빛이 입구 쪽으로부터 날아가 꽂히며 강대상 앞쪽에만 불빛이 살아 있는 것을 보게 하셨다. 그때 환상을 보며 느낄 때는 목양교회만을 떠올렸었는데 생각해 보며 느끼는 건 '요즘 시대의 교회를 보게 하신 건 아닐까'란 생각이 들었다.

2019년 11월 꿈을 꾸었다. 둘째 아들 상은이 친구가 뒤에서 고생했다고 수고했다며 꼭 안아 주었다. 그리고 깨어났다. 눈을 뜨며 '이제 끝났구나'라는 생각이 들며 이후로 편안해지며 행복이 밀려왔다.

2019년 11월 9일 며칠 전부터 부동산에서 함께 일하던 정연이와 통화하며 사람들이 보고 싶어져 만남을 갖게 되었다. 정연이는 하나님을 잘 모르는 친구이다. 남편이 일찍 하늘나라에 가고 혼자서 아이들 셋을 키우며 사느라 많이 지쳐 있었다.

힘들 때면 점집을 찾아 점을 보곤 한다고 하였다. 이날도 논산까지 가서 점을 보고 왔다고 했다. 비싼 돈을 들여 굿까지 하였다고 했다. 그런데 그날부터 왼쪽 눈이 빠질 듯 아파 오며 큰 돌이 박혀있는 듯 아픔이 가시질 않는 것이었다. 정연이는 그날 팔도 다쳤다며 흉터까지 보여 주는 것이었다. 잠깐의 생각이 스쳐 지나가며 영적인 아픔인 것 같다는 생각이 들었다. 곧바로 노 목사님과 통화하며 그때서야 깨닫게 되었다. 모든 영적으로 나쁜 것은 눈을 통해 제일 먼저 타고 온다는 것이었다. 목사님과 통화하며 기도하자 아픔은 곧바로 사라졌다.

어떤 것을 먹느냐에 따라서 육체도 건강해지기도 하고 망가지기도 하는 것처럼 우리가 무엇을 보는가에 따라 그것이 몸에 쌓이고 나타나는 것을 알게 되었다.

02

새로운 길을 향하여

"너는 마음을 다하여 여호와를 신뢰하고
네 명철을 의지하지 말라 너는 범사에 그를 인정하라
그리하면 네 길을 지도하시리라" (잠언 3장 5~6절)

2022년 5월 코로나와의 길고 긴 싸움을 하고 있었다. 코로나가 다 나쁜 것만은 아니라는 것을 몸으로 체험하며 가고 있었다. 빌라 재건축을 하고 싶다는 생각으로 반장을 맡으며 발로 뛰어다녔다. 그리고 반장이라는 특권을 내세워 회연과 숙영 이렇게 셋이서 1주일에 한 번씩 빌라 청소를 하게 되었다.

여기저기 돌아보며 위험한 곳은 없는지 비가 새는 곳은 없는지 빌라에 관심을 갖고 돌아보자 빌라 사람들이 좋아해 주셨다. 빌라에서 나오는 청소비를 열심히 모으기 시작했다. 청소비로 나오는 돈으로 한 달에 한 번씩 제주도에 다녀오며 추억 쌓기도 하고, 1년에 한 번씩 모인 돈을 나누어 쓰기도 하였다. 힘들기도 하고 귀찮을 때도 있었지만 정말이지 알차고 보람된 시간을 보냈다.

4년 동안 반장을 하며 몸이 피곤해 오는 것을 느끼고 있을 때 이제는 그만하고 싶다는 마음이 무겁게 다가오고 있었다. 반장을 다른 사람에게 넘기며 청소도 당연히 내려놓게 되었다. 전 세계가 온 국민이 코로나로 힘들 때 우리 셋은 다른 세상에 사는 듯 행복한 시간을 보냈다. 친구들은 예전이 그립다며 다시 청소하자고 말하곤 한다. 무엇이든 나쁜 것이 다 나쁜 것만이 아니며 내가 어떻게 받아들이냐가 중요하다는 것을 알게 된 시간들이었다.

코로나19로 인하여 교회에 가지도 정하지도 못한 상태에서 영상으로 혼자 예배를 드리는 날이 많아지고 있었다. 하루하루 지나며 친구들도 아이들도 교회와 예배와는 멀어져만 가고 있었다. 하루는 상은이가 교회를 왜 정하지 않고 있냐고 짜증을 내었다. 그러나 코로나 시기에 모르는 사람이 교회에 오는 것도 달갑지 않아 하였다. 회연 집사와 숙영 집사가 이번 기회에 같은 교회에 다니자고 하였는데, 특히 여러 명이 함께 움직이는 것은 더욱 그러하였기에 맘에 드는 교회 찾기도 힘들고 한 명이 맘에 들면 다른 한 명이 망설이는, 그런 시간이 계속되며 정하지 못하고 있었다.

답답함은 계속되고 어찌할 수 없음에 기도하며 잠잠히 기다리는 방법 외는 아무런 일을 할 수 없었다. 하루는 가족과 식사를 하기 위해 식당을 찾아서 들어갔는데, 식당 앞에 교회가 있다는 것을 알게 되어 교회에 대해서 알아보았다. 교회 외관이 성당처럼 생겨 자세히 보지 않으면 성당으로 착각할 것 같았다. 교회가 우리나라에서는 찾아보기 힘든 외관을 갖고 있어 멋있게 느껴졌다.

그 날밤 꿈을 꾸었는데 교회를 찾아갔는데 갑자기 "여기면 됐냐?"라는 큰 음성이 들렸다. 그리고 장로님 한 분이 나를 반갑게 맞이해 주며 꿈에서 깨어났다.

몇 주가 흐른 후 상은이를 위해서라도 교회를 빨리 정해야겠다는 생각이 들었다. 그리고 주일을 맞이해 혼자서 식당 앞에서 보았던 교회를 찾게 되었다. 교회 입구를 찾아 두리번거리고 있을 때 안경을 쓴 장로님이 나와서 "어떻게 예배가 있는 줄 알고 왔느냐"라며 2층 예배실로 안내해 주신 후 바로 떠나셨다. 이때 당시 코로나가 심하여 영상예배로 대신하던 시기였는데 때마침 코로나가 잠잠해지며 예배가 다시 정상화될 때 찾아갔던 것이었다.

놀랍게도 꿈에 보여 주셨던 그대로 재현되고 있었다. 다시 한번 2번째 꿈을 꾸게 되었는데 예배당에 들어와 맨 뒷줄에

앉았다. 내가 앉은 자리 옆에 덩치가 조금 있고 머리가 곱슬
머리인 백인 여자가 나에게 말을 걸어왔다. 나는 속으로 머뭇
거리며 '나는 영어를 잘 못하는데 어떡하지'라며 맨 앞줄로
자리를 옮겨 앉았다. 맨 앞에는 성가 대원들이 찬양을 하는데
성가대원들이 온통 외국 사람들로 가득 차 있는 것이었다.

　나는 속으로 '도대체 이 교회는 뭐 하는 곳이길래 온통 외
국 사람들로 가득 차 있을까?'라며 꿈에서 깨어났다. 교회에
등록하고 알게 된 사실은 목사님부터 장로님, 집사님 등 대부
분이 외국에서 살다가 왔으며, 자녀들이 외국에 사는 사람들
도 많다는 것이었다. 심지어 지휘자는 이탈리아 국적자로 어
머니가 아프셔서 잠시 머무는 것이라고 하였다.

　그렇게 한 달을 혼자 예배를 드린 후 상은이, 지은이와 함
께 예배를 드리고 등록하기로 결정하였다. 매주 예배를 드리
며 하나님께서 주시는 말씀은 마음에 깊은 울림을 주었다. 1
년이 지나가며 상은이는 오케스트라에 합류하여 예배 시간
보다 2시간 일찍 가서 연습하며 아름다운 찬양을 드리며, 행
복한 모습을 찾아가고 있다. 회연 집사도 뒤늦게 합류하였고,
숙영 부부 집사도 성가대로 아름다운 찬양을 드리고 있다.

03

치유

"모든 눈물을 그 눈에서 닦아 주시니 다시는 사망이 없고
애통하는 것이나 곡하는 것이나 아픈 것이 다시 있지 아니하리니
처음 것들이 다 지나갔음이러라"(요한계시록 21장 4절)

22년 1월 팔꿈치에 엘보가 와서 병원에 다니며 물리치료
를 받기 시작하였다. 얼마나 아픈지 팔에 힘이 들어 가지가
않았다. 어깨까지 약한 상태로 무거운 물건을 들 수가 없었
다. 집안일을 제대로 할 수도 없으며 겨울옷을 정리해야 하는
것도 옷을 찾아 입는 것도 버겁게 느껴지기 시작하였다.

청소기를 돌리는 일조차도 힘들었다. 한 달을 버티며 아무
것도 못 하는 자신이 무능해 보이고 급격히 우울해지기 시작
하였다. 몸과 영이 하나이며, 몸이 건강해야 영도 건강함을
더욱 절실히 느끼는 순간이었다.

예배를 드리고 1층을 지나 집으로 향하려 하는데 카페가

보인다. 마음속에 '토요일에 와서 봉사해 드릴까?'라는 생각이 들었다. 평소 카페에서 일해보고 싶다는 생각을 하고 있었다. 그러나 토요일은 모임이나 약속이 많아 한번 시작하면 빠진다는 것이 오히려 민폐라는 생각이 들어 선뜻 나서지는 못하고 있었다.

2022년 8월 어느 날 카페 입구와 식당 입구에 사람을 구한다는 광고가 붙어 있었다. 자세히 읽어 보니 시간도 좋고 월급도 좋았다. 갑자기 가슴이 쿵쾅쿵쾅 방망이질을 하기 시작하였다. 가족들에게 어떻게 하면 좋을지 물어보니 상은이는 좋을 것 같다며 환영을 해주었고 남편은 오래 할 수 있는 일을 하라며 한마디 던졌다.

상의한 후 곧바로 목사님께 문자를 남기었고, 아무것도 못하지만 배우면서 하기로 결정하고 22년 9월 추석이 지나면 바로 일을 하기로 하였다. 문제는 내가 하고 있던 일을 넘겨야 하는데 사람이 바로 나타날지 고민이었다. 그러나 나의 고민일 뿐 자리를 내놓고 이틀 만에 사람이 구해져 놀라고 말았다.

카페의 일은 너무나 순조롭게 진행되고 많은 활력을 찾게 해 주었다.

정신없이 달려오며 많은 것을 배워가며 일을 해가며 카페에서 가을을 맞이하였다. 아름답게 물든 멋진 은행나무와 시원한 가을 공기에 취하고, 고즈넉한 멋진 카페에 취해서 손님이 없는 시간에는 카페테라스 의자에 몸을 맡기고 온몸을 풀고 앉아 몸도 마음도 힐링 되고 있었다. 지금까지 지쳐있던 마음과 몸이 제자리를 찾아가며 감사가 흘러나오기 시작하였다. 그렇게 정신없이 시간이 흐르고 정신을 차렸을 때는 많은 시간이 지난 후였다.

2023년 3월 1부 예배를 드리신 후 2부 예배 때 목사님께서 설교 중간 울먹이고 계셨다. 1부 예배에 성도들이 너무 없어 마음이 아프시고 1부 예배를 없앨까? 란 생각까지 하고 계셨다.

이제는 아무것도 하지 않겠다는 마음으로 교회에 오게 되었고 어디에도 참여하고 싶지 않다는 생각으로 가득하였었다. 그런데 목사님의 힘듦과 울먹이시던 모습에 마음이 움직이고 있었다. 내가 전공한 것을 묵히지 말고 써야 되겠다는 생각이 들었다. 그길로 목사님과 만나 말씀을 드렸지만, 잘 모르시겠다는 묘한 표정을 지으셨다. 나로서는 할 수 있는 건 다했으니 기다리기로 하였다.

그 후 몇 주가 지난 뒤 예배 후 식당에서 밥을 먹는데 목사님께서 다가와 2부 주일예배 찬양 인도팀에 서달라고 요청하셨다. 나는 기도해 보기로 한 후 바로 기도에 들어갔는데 "하나님! 부목사님이 나에게 와서 함께 찬양 인도를 해달라 하면 하나님의 응답으로 알겠습니다."라며 기도하였다. 기도가 끝나자마자 부목사님이 카페로 찾아와 "찬양 좋아하냐"고 물으며 찬양 인도를 함께 하자고 요청을 하시는 것이었다.

이렇게 하나님의 인도에 따라 찬양하며 성령님의 부름에 순종하였다. 성령님의 소리에 예민해하며 바로바로 순종할 때 하나님의 역사는 쓰여지고 더 많은 일을 해가신다.

2023년 3월 어금니가 아파오고 있었다. 벌써 2년째 어금니가 썩어가며 냄새가 올라와 신경이 온통 어금니 아픈 곳에 가 있었다. 치료를 계속 미루어 왔지만, 더 이상 미룰 수가 없는 상태까지 오고 말았다. 뿌리가 많이 상해서 뽑지 않으면 안 되기에 날짜를 잡고 임플란트를 심게 되었다.

뼈가 많이 약해 다른 사람에 비해 오랜 시간이 걸렸다. 뼈에 나사를 박는 일이 제일 힘들고 어려운 일이라는 말을 들었기에 많은 긴장 속에서 치과를 찾았다. 어금니에 나사를 박는 소리에 더 긴장되고 예민하여졌지만, 계속 기도하였다. 나사를 박은 후에도 손을 이쪽에 대고 소파에 누워 기도는 계속되었다. 2시간이 지난 후 손을 떼고 손끝을 보니 손끝이 빨갛게 변해 있었고 손끝이 아리고 뜨겁기까지 하였다. 손끝은 아프고 열이 나는데 이는 아무런 느낌도 없었다.

치과를 다녀온 후 꼭 가야 하는 장례식이 있어 가면서도 기도는 계속되었다.

장례식장에서 하루 종일 굶어 허기진 배를 조심스럽게 채웠다. 이는 아무렇지도 않고 너무나 편안하게 지나갔다. 같은 시기에 나보다 한 달 먼저 임플란트를 심었던 남편은 나에게 "아프지 않냐?"며 계속 물어온다.

Part 7

특별한 감사

01

일본에서 만난 하나님

"주 여호와의 영이 내게 내리셨으니
이는 여호와께서 내게 기름을 부으사 가난한 자에게
아름다운 소식을 전하게 하려 하심이라
나를 보내사 마음이 상한 자를 고치며 포로된 자에게 자유를,
갇힌 자에게 놓임을 선포하며" (이사야 61장 1절)

2023년 4월 28일 카페에 적응한지 1년이 되어가고 있을 때쯤, 수진이를 보러 일본 가자며 계순 동생에게서 전화가 왔다. 이야기를 하며 들어보니 수진이가 일본에 어학 연수겸 가서 친구와 아르바이트를 하고 있다고 한다. 그런데 일본의 여러 가지 여건과 환경상 교회를 못 가고 있으며 교회 갈 마음도 없는 듯 하였다. 일본에 아는 선교사님이 계시니 그곳에 수진이도 소개시켜 주고 교회도 정하고 오자고 하였다.

수진이는 동생 딸이지만 어려서부터 우리 아이들과 함께 자라고 자주 왕래하며 서로 돌보아 주어서 딸 같은 애틋한 조카이다.

달력을 보며 휴가 낼 수 있는 날짜를 체크해 보았다. 하루 정도야 낼 수 있겠지만 내가 쉬게 되면 카페 문을 닫아야 한다는 무거움에 머뭇거리며 기도하기 시작하였다. 그런데 꼭 가고 싶다는 마음이 들어 날짜를 잡고 목사님께 사정 이야기를 한 후 휴가를 내기로 하였다. 그리고 동생과 통화를 하고 가기로 결정하였다. 그러나 문제가 생기고 말았다. 수진과 통화했더니 오지 말라고 했다는 것이었다.

일본은 우리가 가기로 한 날이 제일 바쁘고 사람이 너무 많아 사람 구경만 하게 된다고 다음에 오라는 것이었다. 그런데 나는 미루고 싶지 않다는 강한 생각이 들어, 수진이가 하는 말은 들으려 하지도 않았다. 4월 7일 급하게 여권 사진을 찍고 여권을 다시 만들고 비행기 표를 구해 4월 28일 금요일 새벽 일본으로 출발하였다.

어려서부터 받아온 교육의 영향으로 나에게 일본이란 '가면 안 되는 곳'으로 세뇌 아닌 세뇌가 되어 있던 곳이다. 왠지 일본에 간다고 하면 매국노 소리를 듣고 일본에 대해서 이야기를 하며 한 번쯤 가보고 싶다고 하면, '잡신과 귀신들이 많은 곳을 왜 가냐'며 입 밖으로 꺼내지도 못하게 하였던 곳이므로 일본 땅을 밟은 첫 느낌은 조심스럽고 긴장감마저 들었다.

도쿄 나리타공항에 도착해 수진이가 데리러 오기로 하였는데 아무리 기다려도 오지 않자, 통화를 하니 내리는 공항을 다른 공항으로 착각하여 그곳에서 기다리고 있다고 하는 것이었다. 그렇게 기다리길 한 시간이 지나 만나게 되었다. 오랜만에 만남은 그것도 다른 나라에서 만남은 더욱 애틋한 감정과 안쓰러움 등 여러 가지의 감정이 들게 하였다.

　　수진이는 엄마를 보자마자 지금까지 쌓여있던 감정들을 토해내며 펑펑 울기 시작하였다. 얼마나 힘들었는지를 알게 되는 순간이었다. 누가 가라고 등 떠민 것도 아니고 누가 납치하여 붙들고 있는 것도 아닌데, 당장 집으로 가자고 하고 싶을 정도였다. 수진이가 울음을 그치며 언제 울었냐는 듯 우리를 데리고 도쿄에서 좋았던 곳과 맛집 등을 찾아다니며 즐거운 시간을 보냈다.

　　저녁이 되어 도쿄 시내에서 1시간 거리를 걸어 자췻집으로 향하였다. 도쿄의 거리를 걸으며 깨끗하고, 조용하며 한집 한집 조그마한 꽃과 나무들로 작은 정원을 만들어 놓고 꾸며 놓은 모습을 보며 우리나라와 비교까지 하게 되었다. 우리나라보다 오히려 관광객이 더 많고, 더 잘 꾸며 놓은 모습을 보며 내가 가지고 있던 선입견이 사라지고 우물안의 개구리 같았다는 것을 알게 되었다.

금, 토 이틀이 빠르게 지나갔다. 토요일 저녁 선교사님과 주소를 주고받으며 주일 아침 11시 예배에 늦지 않기 위해 부지런히 발길을 재촉하였다. 전철을 타고 선교사님이 알려주신 역에 내려 걷기 시작하였다. 전철역에 내려서 20분쯤 걸었을 때 교회 건물이 눈에 보이기 시작하였다.

입구로 들어서 2층에 올라가니 외국인들이 운영하는 교회인지 조금 특이한 교회가 보였고, 그곳을 지나쳐 우리가 찾아가는 교회는 3층이었다. 인사를 하며 찬양이 시작되었는데 대부분이 일본 사람이었다. 찬양은 은혜가 넘쳤고 찬양집회를 하는지 찬양은 끝날 줄을 모르며 1시간이 지나서 2시간이 흐르고 있었다. 어린 시절 부흥 집회를 연상하는 예배였다.

목사님은 한국분이었는데 일본에 오래 사셨는지 외모가 일본 사람처럼 느껴졌다.

차츰 지쳐가고 있을 때, 목사님은 설교하실 목사님을 소개해 주셨다. 미국 목사님이신데 키가 작고 배가 나오고 통통하시고 인자한 얼굴을 하고 계셨는데, 오늘을 위해 초청하신 듯했다. 그때 이름을 듣고 흘려보내서 조금 후회가 밀려오는 부분이다. 설교를 하시는데 아주 짧은 간증을 하셨다. 그리고 사람들에게 나오라고 하며 한 명 한 명 기도해 주기 시작하셨다. 사람들은 기도를 받자마자 넘어지며 입신에 들어가는 것이었다. 이것을 본 수진은 놀라며 "나도 넘어져야 되냐"며 자기는 나가지 않겠다고 하는 것이었다. 나는 설명해주며 "다 넘어지는게 아니라 하나님을 사모하며 하나님의 말씀을 간절히 원하는 사람이 기도 받을 때 나타나는 현상이므로 아무나 넘어지는게 아니다. 그러니 기도 받으라"고 알려주었다.

그때 그 일본교회 사람들이 얼마나 간절히 하나님을 원하고 성령 체험하고 싶어 하는지를 깨닫게 하셨다. 그리고 내가 먼저 기도를 받기로 하고 앞으로 나가 기도를 받았다.

기도를 해주시는데 영어로 하셔서 정확한 말씀을 듣고 싶어 통역을 해달라고 요청하였다. 목사님은 "이름이 뭐냐"라고 물으시더니 이름을 듣고 놀라신다. 두 손을 달라며 "두 손이 사람을 살리는 일을 한다"라며 나의 손을 끌어당겨 옆으로 오게 하셨다. 예배는 3시간이 넘어갔고 밥을 함께 먹자는 것을 뒤로하고 한국에서의 예배가 생각나면서 '수진이가 이곳에 다시 올까?'라는 의문을 남긴 체 교회를 뒤로하고 나오게 되었다.

몇 년 전부터 노미숙 목사님은 나를 보면 "목회해야죠? 사역해야죠?" 그럴 때마다 나의 답은 한결 같았다. "안 해요. 다시는 나한테 그런 말 하지 마세요" 그러자 "이제는 무엇을 하고 싶으냐"고 질문을 하셨다. 그러면 "그냥 행복하게 살고 싶어요" 그러면서 지나갔다. 그리고 몇 달이 흐른 뒤 또 같은 질문을 하신다. "소원이 뭐예요?" 나는 아무런 생각도 나지 않아 "아무것도 없다"고 대답했다.

다음에 만났을 때도 똑같은 질문을 하신다. 다섯 번도 넘게 같은 말씀을 하신다. 나는 속으로 '왜 같은 말을 자꾸만 하실까?'라는 생각이 들며 속에서부터 짜증이 올라오고 있었다. 그러다 잠깐 생각해 보았다. '진짜 내가 무엇을 하고 싶을까?' 그때 생각났다. "일본에서 만난 미국 강사 목사님 같은 그런 일이라면 한번 해보고 싶어요"라고 대답하였다.

일본에서의 예배는 영의 갈급함과 목마름을 채워주는 마른 땅에 내리는 단비 같은 예배였다. 일본에 꼭 가야겠다는 강한 마음은 식을 줄 모르고 일본으로 달려가고 있던 마음을 깨닫게 되었다.

2박 3일을 끝으로 한국으로 돌아왔는데 수진은 교회에 한 번도 가지 않았다고 하였다. 일본에서 오기 싫다며 그곳에 그냥 살고 싶다던 수진은 1년을 끝으로 한국으로 돌아와 용돈을 받으며 엄마와 함께 주일예배에 함께 가고 있다고 하였다.

02

하나님께서 보내는 기쁨의 신호

*"지금은 너희가 근심하나 내가 다시 너희를 보리니
너희 마음이 기쁠 것이요 너희 기쁨을 빼앗을 자가 없으리라"*
(요한복음 16장 22절)

2023년 9월 1일 차곡차곡 조금씩 쌓여 가는 통장을 보며 때론 흐뭇하며 때론 부자가 된 것 같은 마음이 들었다. '2년 모으면 얼마이고, 5년 모으면 얼마이고, 그리고 목표를 이루면 이제는 진짜 아무 일도 하지 말아야지. 그리고 그 돈 꺼내서 여행도 가고 그 돈으로 급한 일 생기면 써야지' 생각하면 할수록 행복했다.

돈이 쌓여 가는 것을 보면서 행복해질 때 아버지는 물어보신다. "그 돈이 누구 돈이니?" 나는 1초의 망설임도 없이 "제 돈인데요" 다음 날 다시 물어 오셨다. "그 돈이 누구 돈이니?" 잠깐 망설이며 "제 돈이요" 그다음 날도 똑같이 물어오셨다. "그 돈이 누구 돈이니?" 답을 할 수가 없었다. 그리고 망설이기 시작하였다. "내 돈 아닌가요? 열심히 벌고 있는데 내 돈이잖아요" 하지만 아버지의 물음이 무슨 뜻인지 알기에 더는 버티질 못하고 "아버지 돈 맞아요" 그렇게 시인하였다.

몇 주가 흐른 후 노미숙 목사님과 통화하며 교회를 이전해야 한다는 소리를 듣게 되었다. 나는 침묵하며 못 들은체 하였다.

시간이 흐르며 마음이 무거워졌다. 기도하며 짜증을 토해 내었다. "하나님! 뭐예요? 진짜 싫어요. 좀 주시면서 그러던가요. 왜 자꾸 돈을 뺏어가요?" 마음이 좀처럼 편치가 않고 그렇다고 마음이 열리지도 않은 상태에서 노 목사님께 전화하여 "돈을 드릴 순 없고 이자는 내가 감당할 테니 쓰시라"고 통보하고 전화를 끊었다. 그런데 이것도 순종한 거라고 하나님의 기쁨을 알게 하는 3가지 표시를 보여 주셨다.

카페에 단골 손님이 옥수수 2개를 가져오셔서 먹으라며 주고 가셨다. 나는 짜증이 잔뜩 나있는 상태여서 옥수수를 받아 사무실에 가져다주며 먹으라고 하였다. 그런데 10분도 안되어 교회 집사님이 옥수수 하나를 가져오시며 반을 잘라 나에게 내밀며 먹으라고 하는 것이었다.

두 번째는 카페에 처음 오신 분이 내 것도 함께 계산하라며 카드를 내미시었다. 나는 손님이 주시는 것을 잘 받지 않았기에 사양하자 손님 하시는 말이 "당신도 다른분께 받아서 베풀어야 하는데 그러면 현금을 줘야 한다"며 오천원을 놓고 가버리셨다.

세 번째는 교회 꽃꽂이하러 오시던 권사님이 평소에는 주시지 않던 꽃다발을 주시며 집에 가져가라고 하시는 것이었다. 백일홍이었다. 하루에 이러한 일들이 3번째 이루어지고 나서야 하나님이 보내신 기쁨의 신호라는 것을 알게 되었다.

카페일을 하며 피곤이 쌓여가며 몸도 마음도 지쳐갈 때쯤 이제는 3일만 일했으면 좋겠다는 마음이 들기 시작하였다. 그러나 카페 수입으로는 한 사람을 더 쓰기에는 턱없이 부족하여 말도 꺼낼 수 없었다.

그러던 어느 날 교회 사무실에서 일하시던 권사님이 12월 말로 일을 그만 두신다는 말을 듣게 되었고, 나는 목사님을 찾아가 권사님이 다른 일 찾지 말고 나와 함께 카페에서 3일씩 나누어 일을 하자고 제안했다.

그러나 권사님은 1주일 일을 해야 아들 대학 등록금도 내고 3일로는 힘들다며 거절하시었다고 하였다. 오히려 권사님이 가정형편이 어려우니 카페 일을 권사님께 양보해달라는 답을 듣게 되었다. 갑작스러운 소식에 당황스럽고 뒤통수 맞은 듯한 속상한 마음을 어떡해야 할지를 몰랐다.

하루 휴가를 내어 노 목사님과 함께 기도하고 찬양하며 하나님께 "이제는 어떡해야 할까요? 뭘 하라고 그러시나요?"를 묻고 또 물었다. 노 목사님은 나의 말을 들으며 그러신다. "이것이 하나님의 방법이예요."

2023년 12월 24일 주일예배가 끝나자마자 열심히 차를 몰고 오산 빛과 소금교회로 향하였다. 12월 19일 화요일 화곡동에서 함께 사역하시던 진영석 목사님과 통화 하던 중 갑자기 찬양 인도를 함께 하자며 찬양 콘티를 직접 짜서 오라고 하셨다. 갑자기 '이게 무슨 일일까' 생각하며 찬양을 찾다보니 오랜만에 느껴보는 행복이 밀려왔다.

오산 빛과 소금교회는 목사님 가족 외에는 나이 드신 어르신들만 계셨고, 몇 분의 어르신들은 찬양을 따라부르며 처음 시작부터 끝까지 눈물이 멈추지 않으셨다. 찬양을 부르는 내가 그 어르신을 보면서 더 많은 은혜를 받고 하나님께서 주신 선물에 감사가 절로 나왔다.

기도하며 또 물어본다. "이제는 내가 무엇을 하기 원하시나요?" 그때 오산 빛과 소금교회의 일을 떠올리게 하셨다.

03

특별한 감사

"여호와께 감사하라 그는 선하시며
그의 인자하심이 영원함이로다" (역대상 16장 34절)

2020년 막냇동생 을순은 우리 집과 10분 거리에 살고 있었는데 함께 수원까지 교회를 섬기며 언니인 나를 많이 챙겨주었다. 맏며느리이며 천성적으로 힘들고 어려운 일에도 앞장을 잘 서는 다부지고 똑 부러진 동생이다.

둘째 아들이 장애를 가지고 태어나 아들에게 온통 정성을 쏟으며 살아가느라 자신은 돌아볼 틈도 없이 정신없이 살고 있었다. 가끔 친정 식구들과 친정엄마와 놀면서 피로와 스트레스를 풀며 한번 놀면 온 마음을 다해 놀며 행복하고 즐거워하였다.

그렇게 보내던 시간이 10년, 막내라 그런지 친정엄마와의 사이도 더 애틋하고 각별하였다. 그러던 친정엄마의 죽음은 하늘이 무너진 듯한 충격으로 다가왔고 그사이 몇 달 만에 가장 친했던 친구를 암으로 잃게 되는 일이 생기고 말았다.

동생은 급격하게 우울하게 되어 집에 처박혀 있게 되었고 아들을 병원에 데려가는 일 외에는 아무것도 하지 않고 지내며 가족들과의 연락도 끊고 살고 있었다.

동생과 연락이 잘 안되는 언니나 오빠는 가까이 사는 나에게 계속 연락하며 동생에 대해서 물어보곤 하였다. 그럴 때면 나는 동생 집을 찾아갔고, 한 발짝 한 발짝 다가가며 마음의 문을 열고 있었다. 그런 동생과 무언가 함께하면 좋을 것 같아 가까운 교회 문화센터에 찾아가 보기로 하였다.

여러 가지 취미로 배울 것이 많았고, 눈길이 똑같이 미술 쪽으로 향하였다. 그러나 원하는 시간에 수업받는 사람이 많아 자리가 나지를 않았다. 서양화 수업을 받고 싶은 사람이 계속 늘어나며 한 반을 더 만들게 되었고 동생과 나는 함께 그림을 배우게 되었다. 함께 그림을 그리며 동생의 놀라운 그림 솜씨를 보게 되었고 보는 사람마다 칭찬하며 놀라워하였다. 동생은 어려서부터 그림을 좋아하였고 그림을 그리고 싶어 했지만, 가정형편이 어려워 포기하였다고 하였다.

동생과 나는 7년 차이가 나고 동생이 어렸을 때 어떤 꿈을 가지고 있는지 잘 몰랐었는데 함께 하며 알게 되었다. 함께 그림을 그리며 모르는 것은 동생에게 물어보며 내가 3달에 한 작품 그리며 천천히 나아갈 때 동생은 한 달에 한 작품씩 앞서 나가고 있었다.

그림에 집중을 하며 시간이 날 때마다 집에서도 열심히 그리며 동생의 그림 솜씨는 나날이 발전하고 그림을 전문적으로 그려보고 싶어 하였다. 이렇게 그림에 집중하며 우울증과는 안녕을 고하고 있었다. 나는 2년 동안 그리던 그림을 카페에서 일을 하며 문화센터를 나오게 되었는데, 제일 아쉬운 부분이 그림을 그리지 못한다는 것이었다.

시간이 지나며 아무 생각 없이 지나가는데 집 옆에 화실이 보였다. 근방에 초등학교가 있으니 당연히 아이들이 배우는 미술학원이겠지 하며 스쳐 지나갔다.

하루는 시장에 다녀오며 보니 대문 안쪽으로 그림을 전시해 놓은 것이 눈에 띄었다. 그림을 좋아하는 나는 그림에 이끌려 장본 것을 그대로 들고 안으로 들어갔다. 80세 되신 어르신이 전시회를 하는 중이었다.

그림의 멋진 색감에 나도 모르게 집중하게 되고 사진을 찍으며 행복해 하고 있었다. "우와 멋있다. 내가 좋아하는 기법을 쓰고 있네" 입에서 저절로 탄성이 흘러나왔다. 남자와 여자 두 분이 앉으라며 의자를 권하며 떡과 와인을 따라주며 먹고 가라고 하였다. 와인 안주를 보며 약간 아쉬운 생각이 들었다. 그때 내가 먹으려고 사 온 과자가 생각이 나 과자를 꺼내 함께 먹으며 그림을 그렸던 일을 주고받았다. 그림을 그리고 싶다는 말과 월요일 다시 갤러리에 와서 상담을 하기로 하며 집으로 돌아왔다.

월요일 시간에 맞춰 갤러리에 도착하였지만, 사람이 없어 통화를 한 후 오후에 다시 방문하였다. 수강료가 내가 생각하던 금액보다 많아 혼자서 중얼거렸다 "에이 반절만 되면 어떻게든 해보겠는데" 하는 아쉬운 마음으로 집으로 돌아왔다. 집에 와서도 마음 한쪽에 '여기서 그림 그리면 참 행복하겠다. 그리고 많이 배우겠다'는 생각이 들어 더 아쉬웠다.

그리고 며칠 후 잠깐 산책을 한 후 비빔밥을 해 먹으려고 슈퍼에 가고 있는데 전화벨이 울렸다. 갤러리였다. 비빔밥 재료가 많이 남아 옆집이니 함께 나누고 싶다는 것이었다. 나는 깜짝 놀라며 방금 비빔밥 재료 사러 가던 중이라며 감사의 인사를 드리고 바로 갤러리로 향하였다.

갤러리에서 전에 보았던 남자와 여자 두 명이 함께 있었는데 두 분이 부부라고 하였다. 남자분은 화가시며 분당 화실에서 제자들을 가르치고 계시고, 이곳은 그림을 전시하며 가르치기도 한다는 것이었다. 그리고 잠깐의 이야기를 나누며 내가 그린 그림을 보고 싶어 하셨다.

핸드폰에 간직하고 있던 그림을 보더니, 이 지역에 갤러리를 운영하니 갤러리에서 일정 금액을 후원해 주고 싶다고 하셨다. 지금까지 이러한 일이 없었으며 처음 있는 일이라고 하였다. 놀라웠던 것은 내가 생각했던 금액과 일치하였다. 그렇게 시작된 선생님의 만남은 많은 것을 한꺼번에 가르치기라도 하려는 듯 열정을 쏟아 내셨다. 그러나 내가 받아들이기에 너무 많은 것을 한꺼번에 알려 주셔서 버거웠다. 집에 가서도 밑 작업을 구상하라고 말씀하셨다.

선생님의 열정은 부담감으로 머리가 아파졌고 오른쪽 어깨에 담이 와서 마치 온몸이 힘들다고 하소연이라도 하는 듯 팔도 다리도 저려오기 시작하였다. 그길로 한의원에 달려가 침을 맞으며 천천히 풀어 갔다. 그러나 밑그림을 구상해야 한다는 생각은 떨칠 수가 없었고, 저녁 무렵 산책을 하며 특이해 보이는 나무를 찍어 목요일 밑 작업에 들어갔다.

월요일 찬양을 부르며 그림에 집중하였다. 그림을 그리기 시작한지 2시간 만에 직접 구상한 작품 '나의 봄'이 나왔다. 갤러리 관장님과 선생님이 목소리 톤이 높아지며 극찬을 하시었다.

하나님께서 이루실 일들을 생각해 본다. 평생에 없던 일을 하나씩 열어 가시며 체험케 하시며 돌아보게 하신다. 예전에 아니 몇 달 전만 해도 집에서 많은 시간을 보내며 혼자서 보내는 일들이 많을수록 심심하기도 하고 외로워지기도 하며 무엇을 해도 따분한 시기가 찾아왔고 '뭘 할까? 뭘 하면 좋을까?'를 생각할 때가 있었는데, 최근에야 알게 하셨다. 이렇게 시간을 보내는 것이 얼마나 감사한 일인지, 아무에게나 있는 것이 아닌 특별한 감사라는 것을 알게 하셨다.

04

모든 시선을 주님께 드리고

모든 시선을 주님께 드리고 살아계신 하나님을 느낄 때
내 삶은 주의 역사가 되고 하나님이 일하기 시작하네

2024년 3월 9일 토요일.

빼 먹은 건 없는지 전날 메모지에 적어 놓은 것을 보며 하나씩 체크해 보았다. 차에 짐을 다 실어 놓고 노 목사님께 "출발합니다" 문자를 보낸 후 티맵과 카카오맵 두 가지로 실시간 확인을 하였다. 1시간 25분 시간이 떴다. 둘 다 시간이 똑같다. 주말인데 차가 막히지 않음에 나지막한 소리로 하나님께 감사하였다.

정확한 시간 안에 춘천 개나리 아파트에 도착하였다. 가지고 온 짐을 내려놓고 점심을 먹기 위해 두 가지 음식을 떠올려 보았다. 개나리 아파트에서 몇 걸음 걸으면 나오는 삼계탕과 5년 전쯤 갔던 한식집이 떠올랐다. 목사님께 고르라고 해야겠다. 이 정도는 고르시겠지.(참고로 목사님은 음식을 잘못 고른다. 미리 서울 집에서부터 전날에 음식점과 음식을 찾아보고 추천한다. 타 지역인데 참말로 거시기 허다. ㅋㅋ) 목사님이 차에 타고 어떤 음식을 드실지 물어보자, 한식집이 좋으시단다. 우리는 바로 장가네 한식집으로 향하였다. 차로 7분 거리에 있어서 금방 도착하였다.

그런데 주차하자마자 주차관리 하시는 분이 쫓아와서 "예약했냐?"고 물어보는 게 아닌가. 낭패다. 잠깐 머뭇거리고 있는데 빨리 들어가서 확인해 보란다. 조금 이른 시간에 와서 자리가 있을 수도 있단다. 나는 재빨리 차에서 내려서 뛰어갔다. "혹시 예약 안 했는데 자리 있을까요?"

자리가 있단다. 나도 모르게 감사가 흘러나왔다. 인도 하시는 하나님 감사합니다. 단, 조건이 1시간 안으로 먹고 자리를 비워 주라고 하였다. 그래도 얼마나 감사한 지. 전에도 무척이나 붐비던 곳이었는데 5년이 지난 지금까지도 예약하지 않으면 자리가 없다는 것을 미처 생각하지 못했다.

정말 오랜만에 찾아온 집이라 1시간의 시간이지만 귀한 시간이었다. 귀한 시간인 만큼 맛있게 점심을 먹고 정확하게 1시간이 지나자 종업원이 찾아와 일어나 달란다. 그렇게 노 목사님과 교회로 향하였다.

식당과 7분 거리의 교회에 금방 도착하였다. 교회 입구에 도착하니 간판이 새롭게 단장을 하고 '아름다운교회 치유센터'로 자리 잡고 반갑게 맞이해 주었다. 벌써 이곳에 자리 잡은 지 6개월 되어 이제는 자리를 잡은 것 같다고 하신다. 나는 기껏해야 한 달에 한 번, 많아야 두 번 오기도 버거운데 직접 운영하는 목사님은 매일매일 교회에 와서 무릎 꿇고 울며 기도하고 외롭고 힘든 싸움을 하고 있었다.

무엇이든 대접하고 싶은 마음에 집에서 갈아온 원두로 선물 받은 커피메이커에 커피를 내렸다. 커피 향이 은은하게 교회 안에 퍼졌다. 커피를 마시며 나누지 못했던 삶의 이야기 나누었다. 한 시간, 두 시간, 세 시간 그렇게 그동안 하지 못한 이야기를 풀어 놓으며 기도 제목을 서로 나누고서야 둘이서 예배를 드렸다. 늘 춘천에 오면 둘이서 하나님께 예배를 드린다. (둘이 모인 곳에 성령님은 함께 하시며 예배를 받으신다)

목사님은 찬양을 1시간 넘게 하자고 하셨다. 그리고 찬송가를 한 장, 두 장, 2번 3번 찬양은 계속 되었다. 그렇게 1시간 찬양을 부르고 마지막으로 이번 주 주일 찬양곡 시선을 부르고 싶어 찬양 집을 찾았다. 그렇게 좋아서 자주 부르던 찬양이 첫음절부터 삐거덕 되고 음을 찾질 못하겠다. 마음속에서는 '내일 혼자 유튜브로 몇 번 들으면 되니 그만할까?' 하는 생각이 살짝 들어왔다. 그런데 노 목사님은 될 때까지 몇 번이고 불러 보자고 하였다. 찬양을 부르면 기름 부음의 역사가 있을 것 같다고 하였다. 그렇게 한 번, 두 번, 세 번 음정을 찾아가고 있었다.

가사 하나하나가 나의 마음속에 머릿속에 깊이 새겨지며 네 번, 다섯 번 그렇게 깊이 찬양 안으로 빠져들어 갔다. '왜? 이제서야 이 가사가 보이는 걸까? 이건 뭐지?' 너무도 깊은 울림을 주었다.

내게로부터 눈을 들어 주를 보기 시작할 때 주의 일을 보겠네
내 작은 마음 돌이키사 하늘의 꿈 꾸게 하네 주님을 볼 때
모든 시선을 주님께 드리고
살아계신 하나님을 느낄 때
내 삶은 주의 역사가 되고 하나님이 일하기 시작하네

시선을 다른 것에 빼앗기고 다른 것에 신경이 가 있는 것이 아닌, 나의 모든 시선을 원하고 계신 것이다. 하나님이 안 계신가? 하나님을 투명 인간 취급하고 하나님을 바라보지 않고 저 구석에 하나님을 커튼 쳐서 안보이게 밀쳐 놓는게 아니

라 나의 모든 시선을 원하고 계신 것이다. 나의 모든 시선을 주님께 드리고 살아계신 하나님을 느낄 때 하나님은 분명히 살아 역사하시는데 하나님이 없는 것처럼 망각하며 늘 다른 것에 시선이 가 있었다.

"성경 말씀처럼 하나님은 살아 계십니다. 지금도 나의 옆에서 나를 인도하십니다. 매일매일 고백하게 하십니다."

오늘 이곳에 계신 성령님은 나에게 새로운 영을 부어 주시고 내 삶이 주의 역사가 되며 하나님이 일하기 시작한 것을 느끼게 하셨다.

찬양과 기도로 예배를 마치게 하시고 내가 좋아하는 감자옹심이로 저녁을 먹고 즐겁고 새로운 마음으로 춘천을 떠나 가락동 집으로 출발하였다.

마치며

　몇 년 전부터 '언젠가는 책을 꼭 써야지'란 생각을 하고 있다가 어떻게 시작해야 할지를 몰라 망설이다가 "하나님의 이름을 만홀히 여기지 말라"는 소리에 나를 돌아보는 시간을 갖게 되었다. 요즘 시대는 하나님이 계시지 않다며 교회를 떠나는 사람이 많고 하나님을 믿지 않는 사람이 너무 많다. 그런 사람들을 볼 때마다 마음이 너무 아파진다.

　나의 부족함과 가족의 치부를 드러내면서까지 쓰게 된 것은 하나님을 믿지 않는 사람들이 하나님이 살아계심을 알았으면 좋겠고, 하나님이 눈동자와 같이 보고 계시며, 하나님을

만나고, 찾았으면 좋겠다는 생각이 들어 간증집을 내게 되었
다.

"구하라 그리하면 너희에게 주실 것이요 찾으라 그리하면 찾아
낼 것이요 문을 두드리라 그리하면 너희에게 열릴 것이니" (마태
복음 7장 7절)

지은이 **조미령**

· 코헨대학원 졸업
· 코헨대학원 뇌심리상담학박사
· 2013. 2~2013. 7. 30
  한국상담개발원 전문상담사
· 2013. 8. 20~2015. 7. 18.
  주니어사회단체 전문코치
  중고등학교 상담, 코칭강의, 학습코칭
· 2019. 3~2020. 8
  화곡동 목양교회 교육목사 재직